Ф.М. Достоевский

ПРЕСТУПЛЕНИЕ И НАКАЗАНИЕ

Книга для чтения с заданиями
для изучающих русский язык как иностранный

B2

РУССКИЙ ЯЗЫК
КУРСЫ

МОСКВА
2014

УДК 811.161.1
ББК 81.2 Рус-96
    Д70

Адаптация текста: *Потапурченко З.Н.*
Комментарий: *Еремина Н.А.*
Задания: *Степанова И.А.*

Достоевский, Ф.М.

Д70 **Преступление и наказание**: Книга для чтения с заданиями / Ф.М. Достоевский. — М.: Русский язык. Курсы, 2014. — 88 с. (Серия «КЛАСС!ное чтение»)

ISBN 978-5-88337-344-1

В книге представлен сокращённый вариант романа «Преступление и наказание» великого русского писателя XIX века Ф.М. Достоевского.

Действие происходит летом в Петербурге. Главный герой — бывший петербургский студент Раскольников — думает, что имеет моральное право совершить преступление. Убийство для него — это проверка на право считать себя необыкновенной личностью. Он убивает старуху-ростовщицу, но потом горько раскаивается в этом. Раскольников понимает, что убийство не делает человека «избранным». Убив старуху, он «себя убил». Раскольников сдаётся полиции и отбывает наказание на каторге.

Текст романа адаптирован (В2), сопровождается комментарием, заданиями на понимание прочитанного и на развитие речи. В книге приводятся наиболее интересные факты из жизни Ф.М. Достоевского и краткое изложение романа.

В оформлении обложки использован рисунок Т.А. Ляхович

Содержание

Предисловие

Эта книга включена в серию «КЛАСС!ное чтение». В серию вошли произведения русских классиков, а также известных современных писателей. Тексты произведений адаптированы с расчётом на разные уровни обучения РКИ (А1, А2, В1, В2, С1).

В издании представлен сокращённый вариант романа «Преступление и наказание» великого русского писателя XIX века Ф.М. Достоевского.

Действие происходит летом в Петербурге. Главный герой — бывший петербургский студент Раскольников — думает, что имеет моральное право совершить преступление. Убийство для него — это проверка на право считать себя необыкновенной личностью. Он убивает старуху-ростовщицу, но потом горько раскаивается в этом. Раскольников понимает, что убийство не делает человека «избранным». Убив старуху, он «себя убил». Он сдаётся полиции и отбывает наказание на каторге.

В книге приводятся наиболее интересные факты из жизни Ф.М. Достоевского и краткое изложение романа. Текст романа адаптирован (В2). После произведения дан комментарий (в тексте обозначен *), предлагаются вопросы на понимание прочитанного и на развитие речи, а также задания, помогающие лучше усвоить грамматические формы, актуальные для данного уровня обучения.

Издание адресовано иностранцам, изучающим русский язык и интересующимся русской литературой, а также детям соотечественников, проживающим за рубежом, учащимся национальных школ.

Эта книга будет интересна всем, кто хочет познакомиться с одним из самых известных романов Ф.М. Достоевского «Преступление и наказание».

Достоевский
Фёдор Михайлович
(1821–1881)

Фёдор Михайлович Достоевский — известный русский писатель, мыслитель, публицист.

Он родился 11 ноября 1821 года в Москве в семье врача, работавшего в больнице для бедных. Детство и отрочество будущий писатель прожил на территории больницы, в квартире, которую занимала семья Достоевских. В 1837 году умирает его мать, и отец отправляет Фёдора в Петербург, где он поступает учиться в Военно-инженерное училище. В 1843 году Достоевский окончил училище. Однако военная служба не интересовала его, и через год он уходит в отставку и посвящает себя литературе. Боль, страдание и смерть, которые Достоевский близко видел до шестнадцати лет своей жизни, безусловно, нашли отражение в его творчестве. Первые произведения Достоевского (роман «Бедные люди», повести «Двойник», «Слабое сердце», «Белые ночи» и другие) проникнуты состраданием к людям и пониманием души человека.

В.Г. Перов.
Портрет
Ф.М. Достоевского.
1872

5

В 1849 году произошло событие, которое на всю жизнь определило судьбу писателя. За участие в работе кружка русского революционера социалиста Петрашевского вместе с другими членами кружка Достоевского арестовали и приговорили к смертной казни. Арестованных вывели на площадь, завязали им глаза, перед исполнением приговора, и в таком положении держали 25 минут, в течение которых они каждую секунду ожидали услышать команду «пли!». Затем им развязали глаза и зачитали указ о замене смертного приговора на каторгу. Достоевский был четыре года на каторге в сибирском городе Омске, затем служил в армии рядовым солдатом. Через два года ему вернули дворянство и право печататься. Но только в конце 1850-х годов он получил разрешение на возвращение в столицу. В 1860 году Достоевский поселился в Петербурге. Четыре года, которые писатель провёл на каторге, нашли отражение в «Записках из мёртвого дома». В этом произведении хорошо видно, как сильно укрепился дух писателя, как навсегда установилась его вера в Христа.

Следующие годы жизни Достоевский посвятил писательской работе. Кроме замечательных повестей и небольших произведений, писатель создаёт свои главные пять романов — «Преступление и наказание» (1866), «Идиот» (1869), «Бесы» (1872), «Подросток» (1876), «Братья Карамазовы» (1880).

Ещё в конце 1879 года врачи обнаружили у писателя болезнь лёгких. Достоевскому рекомендовали избегать физических нагрузок и волнений. Писатель часто работал по ночам, и 26 января 1881 года случайно уронил пишущую ручку на пол. Доставая её, сдвинул с места тяжёлую этажерку с книгами. Физическое напряжение вызвало у него кровотечение из горла. Это привело к резкому обострению болезни. Утром 28 января Достоевский сказал жене: «Я знаю, я должен сегодня умереть!» Вечером того же дня Фёдор Михайлович Достоевский скончался.

Главной заслугой Достоевского как художника и мыслителя является исследование человеческой души. Огромное влияние творчество Достоевского оказало на развитие мировой литературы. Произведения Достоевского переведены на десятки языков и сегодня с большим интересом читаются во всём мире.

О романе
«Преступление и наказание»

Ф.М. Достоевский создавал роман в течение 1865–1866 годов и в конце 1866 года опубликовал его.

Действие романа происходит летом в Петербурге. Бывший студент Родион Романович Раскольников снимает маленькую комнату. У него совсем нет денег. Однажды вечером, Раскольников идёт к Алёне Ивановне, старухе-ростовщице, которая живёт в одной квартире со своей сестрой Лизаветой. Родион закладывает ей часы, при этом он запоминает, где старуха держит ключи. Он задумал убить её. По дороге домой он заходит в распивочную и знакомится там с бывшим чиновником Мармеладовым, который рассказывает ему историю своей жизни. Раньше он служил, но потом лишился работы и начал пить. У него есть жена, Катерина Ивановна, имеющая троих детей от первого брака, и родная дочь Соня, которая вынуждена продавать себя, чтобы хоть каким-нибудь образом прокормить семью.

На следующий день Раскольников получает письмо от матери, где она рассказывает о судьбе его сестры Дуни. Она раньше служила у господ Свидригайловых, но из-за неприличных предложений хозяина, Аркадия Ивановича, ушла, так как их разговор подслушала жена Свидригайлова. И был скандал. По городу, где они жили, разнеслись слухи о Дуне, они с матерью даже в церковь перестали ходить, боялись дурных разговоров. Затем хозяин признался, что Дуня не виновата. В городе Дуню снова стали уважать. Сейчас ей предлагает выйти замуж Пётр Петрович Лужин.

Скоро он должен приехать в Петербург для того, чтобы открыть там адвокатскую контору. Родион понимает, что сестра соглашается на этот брак, чтобы помочь матери и ему, и решает помешать ей выйти замуж. Он отправился к своему приятелю по университету Разумихину, но передумал. Он долго шёл по дороге, устал и зашёл в кусты. Он упал на траву и сразу заснул. Ему снится, будто он маленький мальчик, который проходит с отцом мимо кабака, рядом стоит старая лошадь, запряжённая в телегу. К ней подходит пьяный хозяин Микола и приглашает знакомых кататься. В телегу садится очень много людей, и лошадь никак не может сдвинуться с места. Микола злится, бьёт её кнутом, а затем убивает. Маленький Родион плачет, он с кулаками бросается на Миколу, но отец его уводит. Проснувшись, молодой человек думает о том, смог бы он убить или нет. На улице он случайно встречает Лизавету, которую знакомые приглашают в гости. Так он узнаёт, когда старуха останется дома одна. Вспоминает Раскольников и о разговоре офицера и студента о старухе-процентщице и её сестре, который он случайно услышал в трактире. Студент говорил, что если убить старуху и на её деньги совершить тысячу добрых дел, это оправдает одно преступление. Раскольников думает так же. Убить старуху, взять её деньги не себе — отдать умирающим от голода, тогда и будет восстановлена справедливость. Раскольников считает, что преступление, совершённое во имя справедливости, может быть оправдано.

Дома он готовится к убийству, берёт топор, идёт к старухе и убивает её. Но неожиданно возвращается Лизавета. Раскольников убивает и её.

На следующий день к Раскольникову приходит дворник, он приносит ему повестку в полицию, куда пожаловалась на Родиона квартирная хозяйка, потому что он не платит денег за комнату. В полиции он слышит разговор об убийстве старухи и падает в обморок. Он долго болеет.

К Раскольникову приходит Пётр Петрович Лужин, он сообщает ему, что скоро приедут в Петербург его мать и сестра. Во время разговора Раскольников ссорится с Лужиным.

Родион выходит на улицу и видит, как человека раздавило экипажем. Это был Мармеладов. Раскольников помогает перенести его домой, где тот и умирает. Перед тем, как уйти, Раскольников отдаёт все оставшиеся деньги жене покойного, Катерине Ивановне, на похороны.

Разумихин рассказывает своему другу, что следователь Порфирий Петрович хочет с ним познакомиться. Придя домой, они видят там мать и сестру Раскольникова. Родион просит сестру не выходить замуж за Лужина. Разумихин влюбляется в Дуню и тоже отговаривает её от этого брака.

К Раскольникову приходит Соня Мармеладова и приглашает его от имени Катерины Ивановны на поминки. Родион сообщает Разумихину, что он заложил у старухи-процентщицы отцовские часы и кольцо сестры, и теперь хочет их забрать. Друг советует ему пойти к Порфирию Петровичу, и они вместе идут к нему домой. Они начинают говорить о причинах преступлений. Следователь вспоминает статью Раскольникова «О преступлении», напечатанную в одном журнале два месяца назад. В этой статье он делит всех людей на две категории: обыкновенных и необыкновенных. Обыкновенные не имеют права переступать закон. А необыкновенные могут делать всё, что считают нужным. Для них закон не существует. Обсуждают эту теорию. Порфирий Петрович приглашает его завтра прийти в полицию.

На следующее утро к Раскольнику приходит Аркадий Иванович Свидригайлов, он рассказывает о смерти своей жены и говорит, что он в этом не виноват. Свидригайлов предлагает Раскольникову помощь в том, чтобы не допустить свадьбы Дуни и Лужина, обещая в качестве компенсации десять тысяч рублей.

В гостинице у матери и сестры Родион встречается с Лужиным, ругается с ним, и Петра Петровича выгоняют. Потом Родион идёт к Соне, которая любит и жалеет свою семью. Катерина Ивановна больна чахоткой и скоро умрёт. Оказывается, Соня часто молится Богу, а на комоде у неё лежит Новый завет. Родион с Соней вместе читают эпизод о воскресении Лазаря.

За своё преступление Раскольников наказан страшными муками совести. Его мучает не только само преступление, но и то, что он потерял веру в свою теорию.

На другой день Раскольников приходит к Порфирию Петровичу, следователь опытный психолог, поэтому умеет раскрывать сложнейшие дела. Родион разговаривает с ним и понимает, что Порфирий Иванович подозревает его в совершении преступления.

После поминок у Мармеладовых Раскольников идёт к Соне и признаётся ей в убийстве старухи и Лизаветы. Она плачет и советует Родиону пойти к следователю и во всём признаться, тогда Бог снова пошлёт ему жизнь.

К Раскольникову домой приходит Порфирий Петрович, объясняет ему, как он догадался о том, что тот виноват. Он предлагает ему во всём признаться, потому что его всё равно арестует.

Свидригайлов кончает жизнь самоубийством — он застрелился.

Раскольников идёт к следователю и признаётся в убийстве. После суда его приговорили к восьми годам каторги, учитывая его чистосердечное признание. Дуня выходит замуж за Разумихина. Соня едет в Сибирь к Раскольникову. Когда Родион видит Соню, то понимает, что очень любит её. Они решили ждать и терпеть. Им оставалось ещё семь лет.

«Мир спасёт Красота, — утверждал Ф.М. Достоевский. Он был уверен, что только нравственное перевоспитание человека сделает абсурдными преступные теории.

Преступление и наказание

1

Жа́рким ве́чером, в нача́ле ию́ля* молодо́й челове́к вы́шел на у́лицу и ме́дленно пошёл к ближа́йшему мосту́. Его́ зва́ли Родио́н Рома́нович Раско́льников. Он уже́ три го́да жил в Петербу́рге в ма́ленькой ко́мнате, похо́жей на шкаф, кото́рая находи́лась под са́мой кры́шей высо́кого пятиэта́жного до́ма.

Раско́льников был студе́нтом юриди́ческого факульте́та, но сейча́с он не учи́лся, потому́ что ему́ не́чем бы́ло плати́ть за учёбу в университе́те. Высо́кий и стро́йный, с прекра́сными тёмными глаза́ми и ру́сыми волоса́ми, он был хоро́ш собо́й. Оде́т Раско́льников был о́чень бе́дно, друго́й на его́ ме́сте постыди́лся бы в тако́м ви́де выходи́ть на у́лицу.

«На тако́е де́ло хочу́ покуси́ться*, а пустяко́в бою́сь! — поду́мал Раско́льников, осторо́жно проходя́ по ле́стнице ми́мо две́ри свое́й хозя́йки, кото́рой был до́лжен за кварти́ру. — Любопы́тно, *чего́* лю́ди боя́тся бо́льше всего́? Но́вого ша́га — вот чего́ они́ боя́тся! Ну, заче́м я тепе́рь иду́ туда́? Ра́зве я спосо́бен на *э́то*? Ра́зве *э́то* серьёзно? Совсе́м не серьёзно. Так, игру́шки!»

Раско́льников шёл по у́лице, не замеча́я окружа́ющих. Он был о́чень слаб, потому́ что два дня почти́ ничего́ не ел. Идти́ ему́ бы́ло недалеко́: ро́вно семьсо́т три́дцать шаго́в. Он сосчита́л их, когда́ ещё то́лько обду́мывал свою́ «безобра́зную» мечту́, *и́ли предприя́тие*, как он иногда́ называ́л то, что собира́лся соверши́ть. Тепе́рь он шёл де́лать *про́бу* своему́ предприя́тию и с ка́ждым ша́гом волнова́лся всё бо́льше и бо́льше.

13

С замиранием сердца Раскольников подошёл к огромному дому и вошёл в подъезд. Лестница была тёмная и узкая. Он поднялся на четвёртый этаж. Вот и квартира старухи. Он позвонил. Через минуту дверь немного приоткрылась: кто-то с недоверием выглянул из-за неё. Это была маленькая, сухая старушонка, лет шестидесяти, со злыми глазами и маленьким носом. Она вопросительно смотрела на молодого человека.

—Раскольников, студент, был у вас месяц назад, — сказал молодой человек.

—Помню, очень хорошо помню, что вы были, — ответила старуха.

—Так вот опять, по такому же делу… — продолжал Раскольников.

—Входите, — сказала старуха.

Небольшую комнату, в которую вошёл молодой человек, ярко освещало заходившее солнце. «И *тогда* так же будет солнце светить!» — подумал Раскольников и быстро глянул на вещи, которые были в комнате, чтобы запомнить их расположение.

—Что вам нужно? — строго спросила старуха.

—Заклад* принёс, вот! — Раскольников достал из кармана старые серебряные часы. — Сколько вы дадите за часы, Алёна Ивановна?

—Полтора рубля и проценты вперёд, — ответила старуха.

—Всего полтора рубля! — вскрикнул молодой человек.

—Как хотите, — и старуха отдала ему часы обратно.

Молодой человек взял их. Он так рассердился, что даже хотел уйти; но вспомнил, что идти больше некуда и что он ещё и за *другим* пришёл.

—Давайте! — сказал он грубо.

14

Стару́ха доста́ла из карма́на ключи́ и пошла́ в спа́льню за деньга́ми. Молодо́й челове́к оста́лся оди́н. «Ключи́ она́ в пра́вом карма́не но́сит. Са́мый большо́й ключ, коне́чно, не от комо́да… Зна́чит, в спа́льне есть что-то ещё. Любопы́тно *что*. А впро́чем, как всё э́то по́дло…»

Стару́ха верну́лась с деньга́ми.

—Я вам, Алёна Ива́новна, ско́ро принесу́ сере́бряную папиро́сочницу в закла́д.

— Ну, тогда́ и поговори́м, — отве́тила стару́ха.

Раско́льников вы́шел. Уже́ на у́лице он воскли́кнул: «О Бо́же! Как э́то всё ни́зко*! На каку́ю грязь спосо́бно моё се́рдце!»

Им овладе́ло чу́вство отвраще́ния. Он шёл, не замеча́я прохо́жих, и опо́мнился уже́ на сле́дующей у́лице. Ря́дом была́ распи́вочная*, из двере́й кото́рой выходи́ли дво́е пья́ных. Раско́льников вошёл внутрь. Ему́ захоте́лось вы́пить холо́дного пи́ва, кро́ме того́, он был го́лоден. Он сел за сто́лик в тёмном, гря́зном углу́ и с жа́дностью вы́пил пе́рвый стака́н. Его́ мы́сли ста́ли ясне́е. «Всё э́то глу́пости, — поду́мал Раско́льников. — Про́сто физи́ческая сла́бость!» Он повеселе́л.

2

Посети́телей в распи́вочной бы́ло немно́го. Среди́ них сиде́л немолодо́й челове́к, похо́жий на отставно́го чино́вника*. Он был сре́днего ро́ста, с зеленова́тым от постоя́нного пья́нства лицо́м и с кра́сными глаза́ми. В его́ взгля́де бы́ло что-то о́чень стра́нное, да́же безу́мное. Оде́жда на нём была́ ста́рая, обо́рванная, без пу́говиц.

Посети́тель посмотре́л на Раско́льникова и гро́мко спроси́л:

—Могу́ ли я поговори́ть с ва́ми? Я ви́жу, вы челове́к образо́ванный и пить не привы́кли. Моя́ фами́лия

Мармела́дов. Да, бе́дность не поро́к*, э́то и́стина. Но нищета́ — поро́к. В бе́дности вы ещё сохраня́ете своё благоро́дство, в нищете́ же никогда́.

Он нали́л в стака́н, вы́пил и заду́мался.

— Скажи́те, молодо́й челове́к, вы когда́-нибудь проси́ли взаймы́ де́ньги, зара́нее зна́я, что вам не даду́т?

— Заче́м же проси́ть, е́сли не даду́т? — отве́тил Раско́льников.

— А е́сли не́ к кому и не́куда бо́льше идти́! Ведь на́до, что́бы челове́ку хоть куда́-нибудь мо́жно бы́ло пойти́! Моя́ жена́ Катери́на Ива́новна с золото́й меда́лью око́нчила благоро́дный институ́т для дворя́нок*. Её пе́рвый муж был офице́ром, она́ вы́шла за него́ за́муж по любви́. Но он проигра́л в ка́рты все де́ньги, попа́л под суд и уме́р. Катери́на Ива́новна оста́лась одна́ с тремя́ ма́ленькими детьми́ в безнадёжной нищете́. Я тогда́ то́же был вдове́ц и от пе́рвой жены́ име́л четырнадцати-ле́тнюю дочь Со́фью. Я предложи́л Катери́не Ива́новне свою́ ру́ку, потому́ что не мог смотре́ть на её страда́ние. Мо́жете предста́вить, как ей тогда́ бы́ло тру́дно, что она́, образо́ванная и воспи́танная, из хоро́шей семьи́, согласи́лась пойти́ за меня́ за́муж! Пла́кала — но пошла́! Потому́ что ей не́куда бы́ло идти́. Понима́ете ли, что зна́чит, когда́ уже́ не́куда бо́льше идти́? И це́лый год я не каса́лся э́того (он показа́л па́льцем на буты́лку). Но вдру́г потеря́л ме́сто на слу́жбе* и тогда́ прикосну́лся!..

А полтора́ го́да наза́д мы оказа́лись в Петербу́рге, в э́том великоле́пном го́роде. Я нашёл ме́сто*. Нашёл и опя́ть потеря́л. Понима́ете? Живём же мы тепе́рь в углу́ у хозя́йки, а как живём и чем пла́тим, не зна́ю.

Катери́на Ива́новна да́ма горя́чая и раздражи́тельная. Ско́лько от неё вы́терпела моя́ до́чка, об э́том я молчу́. Как вы ду́маете, мно́го ли мо́жет бе́дная де́вушка заработать честным трудом? Пятнадцать копеек в день не заработает!

Однажды я услышал, как она сказала Соне: «Живёшь у нас, ешь и пьёшь за наш счёт!» И моя Сонечка спросила её тихим голосом: «Неужели мне на такое дело пойти?» «А что, — ответила Катерина Ивановна, — чего беречь? Подумаешь, какое сокровище!»

Но не вините её! Не в здравом уме она это сказала, а в болезни, когда голодные дети плакали. И вижу я, часов в шесть Сонечка встала, оделась и пошла из дома, а в девять вернулась назад и положила на стол перед Катериной Ивановной тридцать рублей. Ни слова не сказала, только взяла наш большой зелёный платок, накрылась им и легла на кровать лицом к стене. А Катерина Ивановна, также не говоря ни слова, подошла к её постели и весь вечер около неё на коленях простояла, Сонины ноги целовала. А я лежал пьяненький.

Мармеладов замолчал. Потом опять налил в стакан и выпил:

— С тех пор дочь моя Софья Семёновна получила жёлтый билет* и уже не могла жить с нами. Теперь она заходит к нам только по вечерам, когда на улице уже темно, приносит Катерине Ивановне деньги, чтобы та могла детей накормить.

Мармеладов замолчал и в отчаянии закрыл глаза. Но через минуту он засмеялся и нахально взглянул на Раскольникова:

— А сегодня я был у Сони, ходил просить денег на похмелье*! Хе-хе-хе! — Вот эту самую бутылку на её деньги и купил!

Он хотел налить ещё, но в бутылке уже ничего не было.

— Меня жалеть не за что! — вдруг закричал Мармеладов, вставая с лавки. — Нас пожалеет тот, кто всех

17

пожалел! Он единственный судья! Пойдёмте, сударь, — сказал он Раскольникову, — доведите меня до дому. К Катерине Ивановне пора...

Идти было недалеко. Чем ближе подходили к дому, тем Мармеладов больше и больше волновался. Они поднялись по тёмной лестнице на четвёртый этаж. На самом верху была открыта дверь. Свеча освещала бедную комнату шагов в десять длиной. Всё было в беспорядке, особенно детское тряпьё. Через комнату была протянута дырявая простыня. За нею стояла кровать. В комнате было ещё два стула и очень старый диван, перед которым стоял кухонный стол. Какая-то женщина нервно ходила по комнате. Раскольников понял, что перед ним Катерина Ивановна. Она была тонкая, ужасно худая, но довольно высокая и стройная, с прекрасными тёмно-русыми волосами и с покрасневшими щеками.

—А! — закричала она, увидев Мармеладова, — вернулся!

Раскольников поспешил уйти, не говоря ни слова. Уходя, он незаметно положил на подоконник немного медных денег.

«Ай да Соня! Какой колодец, однако же, сумели выкопать! И пользуются! И привыкли. Ко всему подлец-человек привыкает!»

Он задумался. «Ну, а если я неправ, если человек не *подлец*, то значит, что всё остальное — предрассудки!»

3

На другой день Раскольников проснулся поздно и с ненавистью посмотрел на свою комнату. Это была маленькая каморка*, шагов в шесть длиной, имевшая самый жалкий вид. На пороге стояла Настасья, единственная служанка его квартирной хозяйки. Это она разбудила Раскольникова:

— Вставай, чего спишь! — закричала Настасья, — уже десятый час. Я тебе чай принесла. Тебе письмо вчера пришло.

Письмо было от матери. Раскольников даже побледнел, взяв его в руки. Он уже давно не получал писем от родных.

«Милый мой Родя, — писала мать, — ты знаешь, как я люблю тебя; ты вся наша надежда — моя и Дуни. Спешу сообщить, что твоя сестра уже полтора месяца живёт со мной. Закончились её страдания. Но расскажу всё по порядку, чтобы ты узнал то, о чём мы тебе до сих пор не писали.

В прошлом году Дунечка поступила работать гувернанткой* в дом помещика* Свидригайлова и попросила дать ей вперёд сто рублей, которые она должна была отработать. Представь себе, что хозяин дома до того увлёкся Дуней, что начал делать ей всякие неприличные предложения. Наконец он предложил ей бросить всё и уехать с ним за границу. Об этом случайно узнала жена Свидригайлова Марфа Петровна и во всём обвинила Дуню, которую приказала отвезти ко мне с позором.

Целый месяц у нас по городу ходили сплетни об этой истории. Нам с Дуней от стыда даже в церковь нельзя было ходить. Но Бог милостив, и господин Свидригайлов, вероятно, пожалев Дуню, раскаялся. Он показал Марфе Петровне письмо, которое написала ему Дуня. В этом письме Дуня объясняла Свидригайлову, что как муж и отец семейства он поступает неблагородно и что с его стороны подло обижать беззащитную девушку, которая вынуждена оставаться в его доме. Ты знаешь, Родя, какой у Дуни твёрдый характер!

Марфа Петровна, прочитав это письмо, на другое же утро приехала к нам и просила у Дуни прощения. В тот же день она рассказала всем в городе, что Дуня не виновата.

Теперь узнай, милый Родя, что у Дуни есть жених! Его зовут Пётр Петрович Лужин. Человек он деловой и обеспеченный, служит в двух местах и уже имеет свой капитал. Правда, с первого взгляда кажется, что он немного высокомерный и тщеславный. Прошу тебя, Родя, когда ты увидишь его в Петербурге, не суди слишком быстро.

Пётр Петрович в первый свой визит к нам много рассказывал о себе. Он очень любит, чтобы его слушали, но ведь это почти не порок. Я, разумеется, мало что поняла, но Дуня объяснила мне, что он человек хотя и с небольшим образованием, но умный и, кажется, добрый. Конечно, ни с её, ни с его стороны особенной любви нет. Но Дуня сделает всё, чтобы её муж был счастлив. А он, в свою очередь, будет заботиться о её счастье.

Сейчас Пётр Петрович собирается в Петербург. У него там дела: он хочет в столице открыть адвокатскую контору. Я думаю, милый Родя, он и тебе может быть полезен. Ты мог бы начать свою будущую карьеру в его конторе.

Дорогой Родя, самое приятное я сообщаю тебе в конце письма: теперь, после трёх лет разлуки, мы будем жить все вместе! Уже решено, что через неделю мы с Дуней выезжаем в Петербург. Несмотря на нашу скорую встречу, я всё-таки вышлю тебе немного денег, рублей двадцать пять или даже тридцать.

До свидания! Обнимаю тебя крепко и целую.

Твоя мама».

Когда Раскольников кончил читать письмо, его лицо было мокрым от слёз, злая улыбка змеилась по его губам. Он лёг на диван и долго думал. Его сердце сильно билось. Наконец ему стало душно и тесно в этой маленькой комнатке, похожей на шкаф. Он взял шляпу и вышел.

4

Письмо матери его измучило. «Не бывать этому браку, пока я жив! К чёрту господина Лужина! Нет, мамаша, нет, Дуня, вы меня не обманете! За делового человека хотите выйти, Авдотья Романовна, служащего в двух местах и имеющего свой капитал, и, «кажется, доброго». Это *кажется* великолепнее всего! И Дунечка за это *кажется* замуж идёт! Ведь она всё понимает. Ведь она один чёрный хлеб будет есть, а свою душу не продаст. Почему же теперь соглашается? Понятно, что для собственного комфорта она себя не продаст, а для *другого* продаёт! Для брата, для матери продаёт! Знаешь ли ты, Дунечка, что Сонечкин жребий ничем не хуже жребия с господином Лужиным? Не хочу я твоей жертвы, Дунечка! Не бывать этому, пока я жив!»

Он вдруг остановился: «Не бывать? А что ты сделаешь, чтобы этому не бывать? Запретишь? А какое право ты имеешь? Что ты можешь им пообещать? Всё своё будущее им посвятить, когда окончишь университет и место получишь? Нет, надо что-нибудь сейчас сделать, понимаешь ли ты это? А ты что делаешь? Живёшь за их счёт!»

Все эти вопросы были для него не новыми. Они давно мучили его сердце. Теперь же письмо матери вдруг, как громом, в него ударило. Было ясно, что теперь надо поскорее что-нибудь сделать. «Или отказаться от жизни совсем! — вскричал он в ярости, — послушно принять судьбу, как она́ есть, раз навсегда́, и отказа́ться от вся́кого пра́ва де́йствовать, жить и люби́ть!»

«А куда́ я иду́? — поду́мал он вдруг. — Стра́нно. Ведь я куда́-то пошёл. Прочита́л письмо́ и пошёл… На Васи́льевский о́стров*, к Разуми́хину я пошёл, вот куда́».

Разуми́хин был това́рищем Раско́льникова по университе́ту. Высо́кий, худо́й, черноволо́сый, всегда́ пло́хо вы́бритый, он был необыкнове́нно весёлым и общи́тельным па́рнем, до́брым до простоты́. Одна́ко под э́той простото́й была́ глубина́ и досто́инство. Раско́льников не́ был у него́ уже́ ме́сяца четы́ре.

5

«Действи́тельно, я хоте́л ещё неда́вно попроси́ть Разуми́хина, чтобы он доста́л мне рабо́ту*, — ду́мал Раско́льников, — но чем он мо́жет помо́чь? Предположи́м, он доста́нет мне уро́ки, поде́лится после́дней копе́йкой… Ну, а да́льше? Что я сде́лаю на гроши́*? К Разуми́хину я пойду́ … на друго́й день по́сле *того́*, когда́ всё пойдёт по-но́вому…».

И вдруг Раско́льников опо́мнился. «По́сле *того́*, — вскри́кнул он, — да ра́зве *то* бу́дет? Неуже́ли, в са́мом де́ле, бу́дет?» Раско́льников хоте́л верну́ться домо́й, но переду́мал и пошёл куда́ глаза́ глядя́т*. Он шёл о́чень до́лго. Зе́лень и све́жесть снача́ла понра́вились уста́лым глаза́м Раско́льникова, кото́рые привы́кли к городско́й пы́ли. Но ско́ро э́ти но́вые, прия́тные ощуще́ния на́чали его́ раздража́ть. Но́ги его́ вдруг ста́ли тяжёлыми, и он захоте́л спать. Он сошёл с доро́ги, зашёл в кусты́, упа́л на траву́ и в ту же мину́ту засну́л.

Стра́шный сон присни́лся Раско́льникову. Ему́ присни́лось его́ де́тство в родно́м городке́, когда́ ему́ бы́ло лет семь. Он в пра́здничный день гуля́л с отцо́м за́ городом. В не́скольких шага́х от доро́ги стоя́л большо́й кабак*. Там всегда была такая толпа, так кричали, ругались и дрались, что ему было страшно, когда он проходил мимо.

И вот ему снится: он идёт с отцом по дороге и со страхом смотрит на кабак. Около крыльца стоит огромная телега, в которую обычно впрягают больших лошадей. Но теперь в такую телегу впрягли маленькую крестьянскую лошадку. Вдруг из кабака с криками и с песнями выходят пьяные мужики в красных и синих рубашках.

—Садитесь, все садитесь! — кричит один молодой мужик с красным, как морковь, лицом, — всех довезу!

—Да ты, Миколка, в своём уме? Такую клячу в телегу запряг!

—Садитесь, всех довезу! — опять кричит Миколка, садится в телегу и берёт в руки кнут.

Человек шесть с хохотом садятся вместе с ним. Лошадёнка пытается сдвинуть телегу с места, но не может. Она только приседает от ударов кнутов, которыми её бьют мужики. Все смеются, а Миколка сердится и в ярости бьёт лошадёнку ещё сильнее:

—Убью! — кричит он.

—Папочка, — спрашивает отца маленький Раскольников, — зачем они бьют бедную лошадку?

—Пойдём, пойдём! — говорит отец, — они пьяные. Пойдём, не смотри! — и хочет увести мальчика, но тот бежит к лошадке.

—По глазам её бейте, по глазам! — кричит мужикам Миколка.

—Топором её, топором! — кричат в толпе.

Миколка вытаскивает из телеги железный лом и со всей силы несколько раз бьёт свою бедную клячу. Лошадь падает на землю.

—Добивай! — кричит Миколка.

Несколько пья́ных мужико́в хвата́ют кнуты́ и па́лки и бегу́т к умира́ющей кля́че. Она́ вытя́гивает мо́рду, тяжело́ вздыха́ет и умира́ет.

Бе́дный ма́льчик с кри́ком подбега́ет к ло́шади, обнима́ет её мёртвую го́лову и целу́ет в глаза́. Пото́м вдруг вска́кивает и броса́ется со свои́ми ма́ленькими кулачка́ми на Мико́лку. В э́тот миг оте́ц схва́тывает его́ и выно́сит из толпы́.

—Па́почка! За что они́ бе́дную лоша́дку уби́ли! — пла́чет Раско́льников и обнима́ет отца́.

Ему́ ста́ло тру́дно дыша́ть, и он просну́лся.

«Сла́ва Бо́гу, э́то то́лько сон!» — поду́мал Раско́льников, садя́сь под де́ревом.

На душе́ бы́ло темно́. Он обе́ими рука́ми взя́лся за го́лову.

«Бо́же! — воскли́кнул он, — да неуже́ли я возьму́ топо́р, ста́ну бить по её голове́, бу́ду скользи́ть в тёплой кро́ви, красть, дрожа́ть и пря́таться. Ведь я же знал, что я э́того не вы́несу! Ведь я знал, что э́то по́дло, га́дко, ни́зко!»

Раско́льников был бле́ден, глаза́ его́ горе́ли, но дыша́ть ему́ вдруг ста́ло ле́гче. Он почу́вствовал, что сбро́сил с себя́ стра́шный груз, кото́рый так до́лго его́ дави́л. На душе́ ста́ло вдруг легко́ и ми́рно. «Го́споди! — моли́л он, — покажи́ мне мой путь. Я отрека́юсь от э́той прокля́той мечты́!»

Проходя́ че́рез мост, он останови́лся посереди́не и на́чал споко́йно смотре́ть на Неву́* и на я́ркий зака́т кра́сного со́лнца. Свобо́да, свобо́да! Тепе́рь он свобо́ден от э́тих чар, от э́того колдовства́!

Одна́ко че́рез не́сколько мину́т произошло́ собы́тие, кото́рое по́лностью измени́ло его́ судьбу́. Когда́ по́зже Раско́льников вспомина́л э́ту неожи́данную встре́чу, он всегда удивлялся, как могло случиться, что в тот вечер он, усталый, возвращался домой не самым коротким путём, а через Сенную площадь*, на которую ему совсем не надо было идти.

Было около девяти часов, когда он проходил по Сенной. На углу площади один торговец и его жена разговаривали со своей знакомой. Этой знакомой была Лизавета Ивановна, младшая сестра той самой старухи, у которой Раскольников был вчера. Она стояла и внимательно слушала торговца и его жену.

— Вы, Лизавета Ивановна, приходите к нам завтра, часов в семь.

— Завтра? — задумчиво сказала Лизавета. — Хорошо, приду.

Раскольников прошёл мимо и больше ничего не слышал. Но он неожиданно узнал, что завтра, в семь часов вечера, Лизаветы не будет дома и что старуха останется одна.

До его квартиры оставалось несколько шагов. Раскольников вошёл к себе, как приговорённый к смерти: он понял, что у него больше нет свободы выбора, всё решено за него.

6

Таких случайных совпадений в жизни Раскольникова в последнее время было много. Ещё зимой один знакомый студент дал ему адрес ростовщицы* Алёны Ивановны, у которой можно было заложить вещи. Месяца полтора назад Раскольников решил отнести к старухе золотое кольцо — подарок сестры. Старуха ему не понравилась, но он взял у неё две купюры и по дороге зашёл в трактир выпить чаю. Рядом за другим столиком сидели студент и молодой офицер. Вдруг Раскольников услышал, как студент рассказывал офицеру про Алёну Ивановну. Это показалось Раскольникову странным: он идёт от старухи, а тут сообщают подробности про неё.

Студент рассказал, что у Алёны Ивановны есть сестра Лизавета, которую она бьёт и держит в рабстве, и добавил:

— Я бы эту старуху убил и ограбил без всякого сожаления!

Офицер захохотал, а Раскольников вздрогнул. Как это было странно! Ведь та же самая мысль только что пришла и ему в голову!

— Я хочу задать тебе серьёзный вопрос, — сказал студент. — С одной стороны, глупая, злая, больная, никому не нужная старуха, которая сама не знает, зачем живёт. С другой стороны, молодые силы, у которых нет поддержки. Убей старуху и возьми её деньги, чтобы потом с их помощью посвятить себя служению человечеству. Одно маленькое преступление и тысячи добрых дел! За жизнь одной старухи — тысячи жизней. Вот какая арифметика! Да и что значит жизнь этой глупой и злой старушонки? Не больше, чем жизнь таракана!

Уже тогда Раскольникову показалось странным такое совпадение в мыслях. Как не поверить, что есть предопределение!

Теперь вернувшись домой, он лёг на диван и заснул. Спал он необыкновенно долго и без снов.

Вдруг он ясно услышал, как бьют часы. Раскольников посмотрел в окно и понял, что уже вечер другого дня. Как он мог так долго проспать! Он вскочил с дивана, подошёл к двери и приоткрыл её. На лестнице было тихо. Раскольников достал заклад, потом услышал крик с улицы:

— Седьмой час давно!

Он осторо́жно, как ко́шка, пошёл вниз. Тепе́рь са́мое гла́вное — укра́сть из ку́хни топо́р. Но когда́ он подошёл к ку́хне, то уви́дел, что там была́ Наста́сья! Раско́льников прошёл ми́мо неё, как ни в чём не быва́ло. Тупа́я зло́ба закипе́ла в нём: «Тако́й слу́чай навсегда́ потеря́л!»

Тепе́рь Раско́льников не знал, что де́лать. Но вы́йдя во двор, он заме́тил, что дверь в камо́рку дво́рника была́ откры́та, и там лежа́л топо́р. Он схвати́л его́ и спря́тал под пальто́.

Вот и дом стару́хи. Он вошёл в подъе́зд и стал поднима́ться. На ле́стнице никого́ не́ было. На второ́м этаже́ в одно́й из кварти́р рабо́тали маляры́*, но они́ его́ не заме́тили. Он пошёл да́льше. Вот и четвёртый эта́ж, вот и дверь. Здесь он поду́мал на мгнове́ние: «Не уйти́ ли?» Се́рдце си́льно стуча́ло. Он позвони́л в колоко́льчик. Никто́ не отве́тил. Че́рез полмину́ты он ещё раз позвони́л. Пото́м услы́шал, как кто́-то открыва́ет дверь.

7

—Здра́вствуйте, Алёна Ива́новна, я вам вещь принёс. Да вот лу́чше пойдёмте к све́ту…

—Что э́то тако́е? — спроси́ла стару́ха.

—Папиро́сочница… сере́бряная… посмотри́те.

—Да как бу́дто и не сере́бряная, — недове́рчиво сказа́ла стару́ха.

Она́ поверну́лась к окну́. Тепе́рь нельзя́ бы́ло теря́ть ни секу́нды. Раско́льников доста́л топо́р и обе́ими рука́ми уда́рил её по голове́. Стару́ха ти́хо вскри́кнула и упа́ла на пол. Раско́льников уда́рил её ещё раз и ещё. Хлы́нула кровь. Он нагну́лся и посмотре́л стару́хе в лицо́. Она́ была́ мертва́.

Он положи́л топо́р на пол и поле́з ей в карма́н. Доста́л ключи́ и побежа́л с ни́ми в спа́льню. Когда́ Раскольников открывал комод, ему вдруг захотелось всё бросить и уйти. Но уходить было поздно. Потом ему показалось, что старуха жива. Он вернулся к телу. Без сомнения, она была мертва. Вдруг он заметил на шее старухи шнурок. На шнурке был небольшой кошелёк. Раскольников положил его в карман и пошёл обратно в спальню.

Он спешил. Под кроватью был сундук. Там между тряпьём лежали золотые вещи. Он стал складывать их в свои карманы, но не успел взять много. Вдруг он услышал, что в комнате, где была старуха, кто-то ходит. Он схватил топор и выбежал из спальни.

Посреди комнаты стояла Лизавета и смотрела на убитую сестру. Раскольников бросился на неё с топором, ударил по голове и выбежал в прихожую. Ему хотелось поскорее отсюда убежать. Ни за что на свете он не подошёл бы опять к сундуку.

«Боже мой! Надо бежать, бежать!» — думал Раскольников. Он открыл дверь. Но на лестнице послышались шаги. Кто-то поднимался на четвёртый этаж. Раскольников вернулся в квартиру и закрыл дверь изнутри. Гость позвонил в колокольчик, потом ещё и ещё раз. Раскольников в ужасе стоял за дверью. На лестнице послышались другие шаги:

—Неужели никого нет дома? — спросил второй гость.

—Чёрт их знает! — ответил первый.

Вдруг гости заметили, что дверь квартиры закрыта изнутри, и решили на всякий случай сходить за дворником. Их шаги стихли, и Раскольников опять вышел на лестницу и осторожно пошёл вниз. Когда он дошёл до второго этажа, он услышал внизу голоса. Что делать? Сюда поднимались люди. Сейчас они увидят его. Это конец! Вдруг он заметил, что двери квартиры, где работали маляры, открыты и там никого нет. Раскольников быстро вошёл в пустую квартиру и спрятался за дверью. В это время люди уже поднимались на второй этаж. Когда они прошли на третий, Раскольников спустился вниз, вышел из подъезда, повернул налево и пошёл по улице.

Войдя в свою комнату, он, не раздеваясь, лёг на диван. Раскольников не спал, но был в забытьи. У него началась лихорадка, и ему было ужасно холодно.

8

Лежал он очень долго. Наконец он открыл глаза и увидел, что на улице уже светло. Он встал с дивана, — и в один миг всё вспомнил! В первое мгновение он думал, что сойдёт с ума. Кошелёк и вещи, которые Раскольников украл у старухи, до сих пор лежали у него в карманах! Он взял их, перенёс в угол комнаты и положил в дыру за обоями. Вдруг он с ужасом подумал: «Боже мой, разве так прячут?»

Ему опять стало холодно. Он сел на диван и накрыл себя своим старым зимним пальто. Ему сразу же захотелось спать. Разбудил его сильный стук в дверь.

—Да открой же, ты жив или нет? — кричала Настасья.

—А может, и дома нет! — сказал мужской голос.

Раскольников узнал дворника. Он сел на диване. Его сердце больно стучало.

—Повестка, из полиции, — сказал дворник, подавая письмо.

Раскольников распечатал бумагу и стал читать. Это была обыкновенная повестка. Он должен был явиться в полицейский участок сегодня, в половине десятого.

На улице было по-прежнему невыносимо жарко. Идти было недалеко. «Войду, встану на колени и всё расскажу», — подумал Раскольников.

В полицейском участке он показал письмоводителю свою повестку.

— Это по делу о взыскании денег, — сказал письмоводитель*.

«Денег? Каких денег? — думал Раскольников. — Но, слава Богу, не *то*!» Ему стало вдруг необыкновенно легко. Вся тяжесть упала с его плеч.

— Вы должны сто пятнадцать рублей вашей квартирной хозяйке.

— Я заплачу, как только у меня будут деньги, — сказал Раскольников.

Письмоводитель начал диктовать ему обыкновенный в таком случае ответ.

— Да вы писать не можете, — заметил он. — Вы больны?

— Да… голова болит… говорите дальше!

— Это всё, подпишите.

Раскольников закончил писать и хотел уйти. Но вдруг он услышал, как двое мужчин заговорили об убийстве старухи и её сестры. До дверей он не дошёл. Когда он очнулся, то увидел, что сидел на стуле. Справа его поддерживал какой-то человек, а слева стоял другой со стаканом воды. Он понял, что у него был обморок*.

9

Раскольников вернулся в свою комнату. «Господи! Как он мог оставить вещи в этой дыре? А если кто-нибудь увидит?» Он вытащил всё, что принёс от старухи, и разложил по карманам. «Бросить всё в воду, и дело с концом», — так он решил и вышел из комнаты.

Дойдя до набережной, он спустился к воде, но везде были люди. Наконец он нашёл место в каком-то дворе. Там у стены лежал большой камень. Под него Раскольников и положил всё, что у него было.

Пото́м он до́лго шёл, не остана́вливаясь, пока́ не оказа́лся на на́бережной Невы́. «Да я к Разуми́хину пришёл! Я сказа́л, что к нему́ на друго́й день по́сле *того́* приду́. Вот и пришёл!»

Раско́льников подня́лся на пя́тый эта́ж. Разуми́хин был до́ма.

—А, э́то ты? — закрича́л он, осма́тривая с ног до головы́ своего́ това́рища. — Да ты сади́сь, уста́л, наве́рное!

Разуми́хин по́нял, что его́ гость был бо́лен. Он хоте́л прове́рить его́ пульс, но Раско́льников вы́рвал ру́ку.

—Не на́до, — сказа́л он, — я пришёл… у меня́ уро́ков нет. Я хоте́л… впро́чем, мне совсе́м не на́до уро́ков…

—Ведь ты бре́дишь*! — заме́тил Разуми́хин.

—Нет, не бре́жу… — Раско́льников встал с дива́на. Он был зол на себя́ самого́, на Разуми́хина и на весь свет.

—Проща́й! — сказа́л он вдруг и пошёл к две́ри.

—Да ты посто́й, посто́й, чуда́к! — хоте́л останови́ть его́ Разуми́хин.

—Ничего́ мне не на́до, слы́шишь… Я сам… оди́н… Оста́вьте меня́ в поко́е! — сказа́л Раско́льников. Он как бу́дто но́жницами хоте́л отре́зать себя́ от всех.

К себе́ Раско́льников пришёл то́лько к ве́черу. Он разде́лся и, дрожа́, как за́гнанная ло́шадь, лёг на дива́н.

10

Когда́ Раско́льников пришёл в себя́, бы́ло де́сять утра́. У его́ посте́ли стоя́ли Наста́сья и Разуми́хин. «Го́споди! Скажи́ мне то́лько одно́: зна́ют они́ обо всём и́ли нет?» — поду́мал Раско́льников.

—Это ты, брат, хорошо́ сде́лал, что пришёл в себя́, — сказа́л Разуми́хин. — Четвёртый день не ешь и не пьёшь. А тебе́ тут принесли́ перево́д от ма́тери — три́дцать пять рубле́й.

В э́ту же мину́ту в ко́мнату вошёл немолодо́й господи́н. Он останови́лся в дверя́х, и недово́льно посмотре́л на прису́тствующих, как бы спра́шивая: «Куда́ э́то я попа́л?» Пото́м он перевёл взгля́д на Раско́льникова, лежа́вшего на своём гря́зном дива́не.

— Родио́н Рома́нович Раско́льников?

— Да! Я Раско́льников! Что вам на́до?

— Пётр Петро́вич Лу́жин. Я наде́юсь, что моё и́мя вам уже́ изве́стно, — сказа́л гость.

— Зна́ю, зна́ю! — сказа́л Раско́льников с доса́дой. — Э́то вы жени́х?

Пётр Петро́вич оби́делся, но промолча́л. Раско́льников рассмотре́л его́ с любопы́тством и сно́ва опусти́лся на поду́шку.

— Очень жаль, что нашёл вас в тако́м положе́нии, — на́чал говори́ть Лу́жин. Я жду прие́зда ва́шей сестры́ и ма́тери с ча́су на час. Нашёл им на пе́рвый слу́чай кварти́ру.

— Где? — спроси́л Раско́льников.

— Недалеко́ отсю́да, дом Бакале́ева.

— Э́то на Вознесе́нском проспе́кте, — переби́л Разуми́хин. — Плохо́е ме́сто: ужа́сная грязь. Да и живёт там чёрт зна́ет кто! Впро́чем, дёшево.

— Я э́того не знал, так как сам в Петербу́рге неда́вно, — сказа́л Пётр Петро́вич, — но э́то на коро́ткий срок. Я уже́ снял на́шу бу́дущую кварти́ру, её тепе́рь ремонти́руют, а сам останови́лся у одного́ моего́ молодо́го дру́га. Я всегда́ рад пообща́ться с на́шей молодёжью: от неё мо́жно узна́ть что-нибу́дь но́вое.

— Это в како́м отноше́нии? — спроси́л Разуми́хин.

— В са́мом серьёзном, — обра́довался Пётр Петро́вич, что мо́жет рассказа́ть о свои́х взгля́дах. — На́ше молодо́е поколе́ние о́чень измени́лось, ста́ло бо́лее делови́тым.

32

—Ну, делови́тости ещё ма́ло, — сказа́л Разуми́хин.

—Не соглашу́сь с ва́ми, — возрази́л Пётр Петро́-
вич. — Есть большо́й прогре́сс в нау́ке и во взгля́дах
на эконо́мику. До сих пор мне говори́ли: «Возлюби́
бли́жнего своего́ и отда́й ему́ после́днее». И я отдава́л.
А что из э́того выходи́ло? Я дели́лся с бли́жним свои́м
иму́ществом, и мы о́ба остава́лись ни с чем. Тепе́рь же
нау́ка говори́т: «Возлюби́ снача́ла одного́ себя́, потому́
что всё осно́вано на ли́чном интере́се. Возлю́бишь од-
ного́ себя́, и состоя́ние* твоё оста́нется це́лым. Эконо́-
ми́ческая пра́вда говори́т, что чем бо́льше в о́бществе
устро́енных ча́стных дел, тем лу́чше для него́. Зна́чит,
приобрета́я для себя́, я тем са́мым приобрета́ю для всех.

Пётр Петро́вич встал со сту́ла, чтобы уйти́:

—Наде́юсь, что мы уви́димся. Жела́ю здоро́вья.

Раско́льников не отве́тил, а Лу́жин пе́ред ухо́дом
захоте́л сказа́ть ещё не́сколько у́мных слов:

—Меня́ интересу́ет ещё оди́н вопро́с. В после́днее
вре́мя преступле́ния увели́чились не то́лько в ни́зших
кла́ссах на́шего о́бщества, но и в вы́сших. Чем э́то мо́ж-
но объясни́ть?

—По ва́шей же тео́рии и выхо́дит! — отве́тил Рас-
ко́льников.

—Как э́то по мое́й тео́рии? — спроси́л Лу́жин.

—А доведи́те до логи́ческого конца́ то, о чём вы то́ль-
ко что говори́ли, и полу́чится, что люде́й мо́жно ре́зать.

—Поми́луйте! — воскли́кнул Лу́жин. — На всё есть
ме́ра. Экономи́ческая иде́я ещё не приглаше́ние к уби́й-
ству.

—Убира́йтесь к чёрту! — закрича́л Раско́льников.

11

Когда́ все ушли́, Раско́льников встал с дива́на и на́-
чал одева́ться. Он хоте́л ко́нчить со всем ещё сего́дня.

33

Было часо́в во́семь, со́лнце уже́ заходи́ло. На у́лице бы́ло ужа́сно ду́шно. Он дошёл до одного́ из мосто́в, останови́лся посереди́не и посмотре́л в во́ду. Ему́ ста́ло проти́вно. «Нет, га́дко... вода́... не сто́ит», — сказа́л он про себя́ и пошёл в ту сто́рону, где был полице́йский уча́сток*. Се́рдце его́ бы́ло пу́сто и глу́хо. Ду́мать он не хоте́л. Ему́ про́сто хоте́лось всё ко́нчить! Конто́ра была́ уже́ недалеко́. Но Раско́льников останови́лся, поду́мал и поверну́л в переу́лок.

Он шёл, гля́дя в зе́млю. А когда́ случа́йно по́днял го́лову, то по́нял, что сто́ит у *того́* са́мого до́ма. Раско́льникову захоте́лось уви́деть кварти́ру, в кото́рой жила́ уби́тая им стару́ха. Он вошёл в дом и стал поднима́ться по знако́мой ле́стнице. Вот и тре́тий эта́ж... и четвёртый... «Здесь!» Дверь кварти́ры была́ откры́та, там рабо́тали маляры́. Раско́льников вошёл внутрь, походи́л по ко́мнатам и сел на подоко́нник. Оди́н из маляро́в спроси́л его́:

—Что вам ну́жно?

Вме́сто отве́та Раско́льников встал, вы́шел в прихо́жую и дёрнул за колоко́льчик. Знако́мый металли́ческий звук! Он дёрнул второ́й, тре́тий раз. Пре́жнее стра́шное ощуще́ние всё я́рче и живе́е припо́мнилось ему́.

—Да что тебе́ на́до? Кто ты тако́й? — кри́кнул ему́ оди́н из рабо́чих.

—Кварти́ру хочу́ снять, — сказа́л Раско́льников. — Кро́ви-то нет на полу́? Тут це́лая лу́жа была́, когда́ стару́ху с сестро́й уби́ли.

—Да что ты за челове́к? — опя́ть кри́кнул рабо́чий.

—А тебе́ хо́чется знать? Пойдём в полице́йский уча́сток, там скажу́.

Рабо́чие с недоуме́нием посмотре́ли на него́. Раско́льников ушёл. «Так идти́, и́ли нет в поли́цию?», — ду́мал он, останови́вшись на перекрёстке. Вдруг в конце́

34

у́лицы, в темноте́, он уви́дел толпу́ и услы́шал кри́ки. «Что тако́е?» — поду́мал Раско́льников и пошёл туда́.

12

Посреди́ у́лицы стоя́ла коля́ска*. Круго́м бы́ло мно́го наро́да и полице́йских. На земле́, весь в крови́, лежа́л челове́к, разда́вленный лошадя́ми. Раско́льников нагну́лся:

—Я его́ зна́ю! — закрича́л он. — Это Мармела́дов! Он здесь недалеко́ живёт, я могу́ показа́ть. Позови́те до́ктора! Я заплачу́! — Он вы́тащил из карма́на де́ньги, кото́рые получи́л от ма́тери и показа́л их полице́йскому.

Мармела́дова подня́ли и понесли́.

—Сюда́, сюда́! — пока́зывал Раско́льников, поднима́ясь по ле́стнице до́ма, где жи́ли Мармела́довы.

Их встре́тила Катери́на Ива́новна.

—Го́споди! Что э́то? — вскри́кнула она́, уви́дев толпу́ люде́й.

—Пья́ного раздави́ли на у́лице! — кри́кнул кто-то с ле́стницы.

Де́ти испуга́лись. Бле́дная Катери́на Ива́новна бро́силась к му́жу.

Мармела́дов посмотре́л на Катери́ну Ива́новну. Ему́ хоте́лось попроси́ть у неё проще́ния. Но та кри́кнула на него́:

—Молчи́-и-и! Не на́до!.. Зна́ю, что хо́чешь сказа́ть!

Вошёл до́ктор, взял ру́ку больно́го, изме́рил его́ пульс и осмотре́л го́лову.

—Сейча́с умрёт, — шепну́л он ти́хо Раско́льникову.

—Неуже́ли никако́й наде́жды?

—Никако́й!

В э́то вре́мя на поро́ге появи́лась де́вушка в дешёвом, но я́рком наря́де. Это была́ Со́ня, дочь Мармела́дова. Она́ была́ лет восемна́дцати, ма́ленького ро́ста, ху́денькая, но дово́льно симпати́чная блонди́нка с голубы́ми глаза́ми.

Взгляд больного упал на дверь, и он увидал Соню.

— Кто это? — проговорил он в тревоге, с ужасом указывая глазами на дверь, где стояла дочь. Он ещё ни разу не видел её в таком костюме. Вдруг он узнал её, униженно ожидавшую своей очереди подойти к отцу. Бесконечное страдание изобразилось на его лице.

— Соня! Дочь! Прости! — крикнул он. Соня подбежала и обняла отца. Мармеладов умер у неё на руках.

Катерина Ивановна, увидав тело мужа, крикнула:

— Что теперь делать! На что я похороню его! А чем детей завтра накормлю? Раскольников подошёл к ней.

— Катерина Ивановна, ваш покойный муж рассказывал мне о вашей семье. Вот тут… двадцать рублей… я… может быть, ещё завтра зайду… Прощайте!

Раскольников был уже внизу, когда его догнала Поленька — старшая дочь Катерины Ивановны:

— Послушайте, как вас зовут и где вы живёте? — спросила девочка.

Раскольникову было приятно смотреть на её худенькое милое личико.

— А кто вас прислал?

— Меня прислала сестрица Соня и мамаша, — ответила девочка.

— Вы любите сестрицу Соню?

— Я её больше всех люблю.

— А меня любить будете?

Вместо ответа девочка обняла его своими тоненькими ручками и тихо заплакала. Раскольников успокоил её, назвал своё имя, дал адрес и вышел на улицу. Был уже одиннадцатый час. «Довольно! — подумал Раскольников решительно. — Не умерла ещё моя жизнь вместе со старухой! Ещё посмотрим!» — прибавил он, как будто разговаривая с какой-то тёмной силой, и пошёл к Разумихину.

—Слу́шай, — заговори́л Раско́льников, — сейча́с я не могу́ войти́: я так слаб, что упаду́. Поэ́тому здра́вствуй и проща́й! А за́втра приходи́ ко мне.

—Я провожу́ тебя́ до до́ма! — сказа́л Разуми́хин.

Когда́ друзья́ подошли́ к ко́мнате Раско́льникова, они́ услы́шали голоса́ внутри́. Раско́льников откры́л дверь. Мать и сестра́ сиде́ли на дива́не и жда́ли его́ уже́ полтора́ часа́. О́бе же́нщины бро́сились к нему́. Но Раско́льников стоя́л как мёртвый; его́ ру́ки не могли́ подня́ться, что́бы обня́ть родны́х. Он ступи́л шаг и упа́л на пол в о́бмороке. Разуми́хин, стоя́вший на поро́ге, влете́л в ко́мнату, схвати́л больно́го свои́ми мо́щными рука́ми и положи́л на дива́н.

—Ничего́, ничего́! Э́то о́бморок, — кри́кнул он ма́тери и сестре́. — Воды́! Ну, вот он уже́ прихо́дит в себя́!

Раско́льников подня́лся и сел на дива́не. Он взял мать и сестру́ за́ руки и мину́ты две смотре́л на них мо́лча. Мать испуга́лась. Во взгля́де сы́на бы́ло что́-то безу́мное. Она́ запла́кала. Авдо́тья Рома́новна была́ бледна́; её рука́ дрожа́ла в руке́ бра́та.

—Иди́те к себе́ домо́й... с ним, — сказа́л Раско́льников ма́тери и сестре́ и показа́л на Разуми́хина, — до за́втра. Дово́льно, уйди́те... Не могу́!..

—Посто́йте! — останови́л он их, — Ду́ня, я Лу́жина прогна́л к чёрту. Я не жела́ю э́того бра́ка, а потому́ ты должна́ ему́ отказа́ть. Ты выхо́дишь за Лу́жина для меня́. А я твое́й же́ртвы не принима́ю. Э́тот брак — по́длость. И́ли я, и́ли Лу́жин! А тепе́рь иди́те.

13

На друго́й день Раско́льников был почти́ здоро́в. Когда́ мать и сестра́ вошли́ в его́ ко́мнату, его́ бле́дное лицо́ на мгнове́ние озари́лось све́том. Но э́тот свет ско́ро исче́з, а выраже́ние страда́ния и му́ки оста́лось.

—Кака́я у тебя́ дурна́я кварти́ра, Ро́дя, как гроб, — сказа́ла вдруг Пульхе́рия Алекса́ндровна, — я уве́рена, что ты из-за неё стал меланхо́ликом.

—Кварти́ра? — отвеча́л сын. — Да, кварти́ра мно́го спосо́бствовала... я об э́том то́же ду́мал.

—А зна́ешь, Ро́дя, — продолжа́ла мать, — Ма́рфа Петро́вна Свидрига́йлова умерла́. В тот са́мый день, когда́ я тебе́ письмо́ писа́ла. Вообрази́, ка́жется, э́тот ужа́сный челове́к, её муж, был причи́ной её сме́рти. Говоря́т, он её ужа́сно изби́л.

—Ра́зве они́ так жи́ли? — спроси́л Раско́льников, обраща́ясь к сестре́.

—Нет, напро́тив да́же. Он был всегда́ с ней терпели́в и ве́жлив, несмотря́ на её хара́ктер... Це́лые семь лет.

—Зна́чит, он не так ужа́сен? — спроси́л сестру́ Раско́льников.

—Нет, нет, э́то ужа́сный челове́к. Ужа́снее ничего́ я и предста́вить не могу́, — с содрога́нием отве́тила Ду́ня и нахму́рила бро́ви.

Родны́е, с кото́рыми Раско́льников встре́тился по́сле трёхле́тней разлу́ки и их разгово́ры бы́ли невыноси́мы ему́. Одна́ко ну́жно бы́ло ещё раз поговори́ть с Ду́ней:

—Вот что, Ду́ня, — на́чал Раско́льников серьёзно и су́хо, — я, коне́чно, прошу́ у тебя́ проще́ния за вчера́шнее, но я счита́ю свои́м до́лгом напо́мнить тебе́, что, е́сли ты вы́йдешь за́муж за Лу́жина, я переста́ну счита́ть тебя́ свое́й сестро́й. Мне не нужна́ твоя́ же́ртва!

—Брат, — твёрдо и то́же су́хо отвеча́ла Ду́ня, — я про́сто выхожу́ за́муж. И, коне́чно, бу́ду ра́да, е́сли смогу́ быть поле́зной свои́м родны́м, но в моём реше́нии не э́то са́мое гла́вное.

«Лжёт! — думал Раскольников про себя, кусая ногти от злости. — Гордячка! О, как я ненавижу их всех!»

—Я решила выйти за Петра Петровича для себя, — продолжала Дунечка, — и я честно исполню всё, что он от меня ожидает. Я его не обманываю.

—Всё исполнишь? — спросил Раскольников, ядовито усмехаясь.

—До известного предела. Я не выйду за него, не убедившись, что он ценит меня, а я могу уважать его.

—Каким образом ты в этом убедишься?

—Маменька, покажите Роде письмо Петра Петровича, — сказала Дунечка.

Пульхерия Александровна передала письмо. Раскольников внимательно прочитал его. В этом письме Лужин сообщал, что он придёт сегодня к дамам в восемь часов вечера. Он также сообщал, что не хочет, чтобы при этой встрече присутствовал Родион Романович. Иначе Лужин грозился уйти и больше не иметь дела с Дуней и Пульхерией Александровной. Также он писал, что видел собственными глазами, как Раскольников под предлогом похорон отдал присланные матерью деньги девице лёгкого поведения — дочери одного пьяницы, раздавленного лошадьми.

—В этом письме есть клевета* на мой счёт, и довольно подлая, — сказал Раскольников. — Я вчера отдал деньги не дочери, а вдове, и не «под предлогом похорон», а именно на похороны. В словах Лужина я вижу желание оклеветать меня и поссорить с вами.

—Родя, я прошу тебя быть у нас в восемь часов, — сказала Дуня, — придёшь?

—Приду.

—Я и вас тоже прошу быть у нас в восемь часов, — обратилась она к Разумихину.

14

В э́ту мину́ту ти́хо откры́лась дверь, и в ко́мнату ро́бко вошла́ де́вушка. Э́то была́ Со́фья Семёновна Мармела́дова. Сейча́с она́ была́ оде́та о́чень скро́мно. Э́то была́ моло́денькая де́вушка с прили́чными мане́рами и с я́сным, но как бу́дто испу́ганным лицо́м. Уви́дев по́лную ко́мнату люде́й, она́ растеря́лась, как ма́ленький ребёнок, и да́же хоте́ла уйти́.

—А, э́то вы? — сказа́л Раско́льников с удивле́нием и сам смути́лся. — Я вас совсе́м не ожида́л. Сади́тесь.

—Я... я... зашла́ на одну́ мину́ту. Я от Катери́ны Ива́новны. Она́ о́чень про́сит вас быть за́втра в це́ркви на отпева́нии* и на поми́нках*. — Со́ня замолча́ла.

—Постара́юсь прийти́, — отве́тил Раско́льников. — Ма́менька, э́то Со́фья Семёновна Мармела́дова, дочь того́ са́мого несча́стного господи́на Мармела́дова, кото́рого вчера́ раздави́ли ло́шади.

—Катери́на Ива́новна о́чень про́сит вас сде́лать нам честь. Она́ проси́ла меня́ поблагодари́ть вас. Вы вчера́ помогли́ нам. Без вас совсе́м не́ на что бы́ло бы похорони́ть отца́.

Со́ня дала́ Раско́льникову свой а́дрес и вы́шла из ко́мнаты. Шага́я по у́лице, она́ вспомина́ла ка́ждое сло́во, ска́занное им. Никогда́ ещё она́ не чу́вствовала себя́ тако́й счастли́вой. Каза́лось, что но́вый мир сошёл в её ду́шу!

За́нятая свои́ми мы́слями, Со́ня не заме́тила господи́на, кото́рый уже́ давно́ шёл за ней сле́дом. Э́то был челове́к лет пяти́десяти, дово́льно высо́кий, щегольски́ оде́тый.

Когда́ Со́ня дошла́ до своего́ до́ма и поверну́ла в воро́та, он удиви́лся. Со́ня вошла́ в подъе́зд и начала́ поднима́ться по ле́стнице в свою́ кварти́ру. Незнако́мец шёл сле́дом за ней.

Соня прошла на третий этаж и позвонила в девятый номер. Незнакомец позвонил в восьмой. Этот господин был тот самый Аркадий Иванович Свидригайлов, в доме которого недавно работала Дуня.

15

Разумихин был племянником Порфирия Петровича — следователя, который занимался делом об убийстве Алёны Ивановны и её сестры. Были уже опрошены все свидетели по этому делу, в первую очередь закладчики. Раскольников был последним, кто ещё не встречался со следователем. По дороге к нему Раскольников напряжённо размышлял, знает ли Порфирий, что он вчера был на квартире у старухи и спрашивал про кровь. «Это надо узнать сразу, с первого взгляда! Главное войти к нему как ни в чём ни бывало!» — подумал Раскольников и с улыбкой обратился к Разумихину, который шёл рядом:

— А знаешь что? Я сегодня заметил, что ты с утра в каком-то волнении? Как Ромео!

Раскольников сразу заметил, что красота его сестры Дуни произвела на Разумихина большое впечатление.

— В каком волнении? Я вовсе не в волнении, — смутился Разумихин.

— А чего ты смущаешься? Я всё расскажу матери! Вот посмешу её, да и ещё кое-кого!

— Послушай, не надо. Ведь это серьёзно! — заговорил Разумихин, который, в самом деле, с первого взгляда влюбился в Дуню.

Смеясь, друзья вошли в квартиру Порфирия Петровича. Раскольников хотел, чтобы следователь услышал их весёлые и непринуждённые голоса ещё до того, как выйдет поздороваться с ними. В углу гостиной

41

Раскольников неожиданно увидел письмоводителя из полицейского участка. Это его неприятно поразило.

Порфирий Петрович вышел по-домашнему в халате. Это был человек лет тридцати пяти, росту ниже среднего, полный, хорошо выбритый, с насмешливым выражением лица. Раскольников объяснил ему, что хотел бы выкупить часы и кольцо, которые он заложил у Алёны Ивановны.

—Вам нужно подать заявление в полицию — посоветовал Порфирий. — Все ваши вещи в сохранности. Они были завёрнуты в бумажку, а на ней написано ваше имя. Я давно вас жду. Я уже поговорил со всеми закладчиками. Вы последний.

—Я был нездоров.

—Я об этом слышал. Слышал даже, что вы были чём-то очень расстроены. Вы и теперь бледны!

—Совсем не бледен... я здоров! — грубо отрезал Раскольников. В нём закипела злоба. «А в злобе-то и проговорюсь! — мелькнуло у него в голове».

—Вот неправда! — сказал Разумихин. — До вчерашнего дня без памяти был.

В голове Раскольникова вихрем крутились мысли. Он был ужасно раздражён. «Даже не скрывают, что следят за мной! Ну, бейте прямо! Я не позволю вам играть со мной, как кошка с мышью! Вот встану и расскажу всю правду; и увидите, как я вас презираю!»

Разумихин начал разговор:

—Представь, Родя, вчера мы с Порфирием спорили, что такое преступление? Обсуждали точку зрения социалистов, которые говорят, что преступление — это просто протест против ненормального социального устройства. Из этого следует, что если устроить общество нормально, то все преступления исчезнут.

И все лю́ди в оди́н миг ста́нут пра́ведными. То́лько социали́сты совсе́м не беру́т в расчёт приро́ду челове́ка!

— Родио́н Рома́нович, я сейча́с вспо́мнил одну́ ва́шу статью́ в журна́ле, — заговори́л Порфи́рий Петро́вич, обраща́ясь к Раско́льникову, — «О преступле́нии», е́сли я пра́вильно по́мню её назва́ние. В ней вы вы́сказали мысль, что все лю́ди де́лятся на две гру́ппы: обыкнове́нных и необыкнове́нных. Обыкнове́нные не име́ют пра́ва переступа́ть зако́н. А необыкнове́нные мо́гут де́лать всё, что счита́ют ну́жным. Для них зако́н не существу́ет. Так у вас, ка́жется, е́сли я не ошиба́юсь?

— Я про́сто написа́л, что необыкнове́нный челове́к име́ет пра́во перешагну́ть че́рез препя́тствия ра́ди осуществле́ния свое́й иде́и. Тем бо́лее, е́сли э́та иде́я спаси́тельная для всего́ челове́чества. Я счита́ю, что е́сли бы Ке́плеру и́ли Нью́тону ну́жно бы́ло пожё́ртвовать жи́знью одного́ и́ли да́же ста челове́к, что́бы сде́лать свои́ откры́тия изве́стными всему́ челове́честву, то они́ име́ли бы на э́то пра́во. Впро́чем, из э́того не сле́дует, что Нью́тон име́л пра́во убива́ть, кого́ захо́чет и́ли ворова́ть ка́ждый день на база́ре. Хотя́, все вели́кие лю́ди, сказа́вшие но́вое сло́во в исто́рии, по свое́й приро́де бы́ли престу́пниками. Вспо́мните хотя́ бы Магоме́та и Наполео́на! Они́ не остана́вливались пе́ред кро́вью, когда́ устана́вливали но́вые зако́ны для челове́чества. Именно таки́е лю́ди дви́гают мир и веду́т его́ к це́ли — к Но́вому Иерусали́му, разуме́ется!

— Вы ве́рите в Но́вый Иерусали́м? — спроси́л Порфи́рий Петро́вич.

— Ве́рю, — твёрдо отвеча́л Раско́льников.

— И-и-и в Бо́га ве́рите?

— Ве́рю, — сказа́л Раско́льников, поднима́я глаза́ на Порфи́рия.

—И в воскресе́ние Ла́заря ве́рите?

—Ве́рю. Почему́ вы спра́шиваете?

—Так любопы́тно!

—Да что вы о́ба, шу́тите, что ли? — закрича́л Разуми́хин. — Ты серьёзно, Ро́дя?

Раско́льников мо́лча подня́л на него́ своё гру́стное лицо́ и ничего́ не отве́тил.

—Мо́жно ещё оди́н вопро́с, — сказа́л Порфи́рий Петро́вич. — Когда́ вы сочиня́ли ва́шу статью́, кем вы са́ми себя́ счита́ли? То́же необыкнове́нным челове́ком, говоря́щим но́вое сло́во. Ведь так?

—Очень мо́жет быть, — презри́тельно отве́тил Раско́льников.

—А вы реши́лись бы перешагну́ть че́рез препя́тствие? Ну, наприме́р, уби́ть и огра́бить? — Порфи́рий вдруг подмигну́л Раско́льникову ле́вым гла́зом и рассмея́лся.

«Фу, как э́то я́вно и на́гло!» — с отвраще́нием поду́мал Раско́льников, а вслух сказа́л:

—Магоме́том и́ли Наполео́ном я себя́ не счита́ю.

—Ну, кто же тепе́рь у нас на Руси́ себя́ Наполео́ном не счита́ет? — отве́тил Порфи́рий.

—Не бу́дущий ли Наполео́н и на́шу Алёну Ива́новну топоро́м уби́л? — вдруг сказа́л из угла́ прису́тствовавший при разгово́ре письмоводи́тель.

Раско́льников мо́лча смотре́л на Порфи́рия. Че́рез мину́ту он встал, что́бы уйти́.

—Вы уже́ ухо́дите! — любе́зно спроси́л Порфи́рий, протя́гивая ру́ку. — Очень рад на́шему знако́мству. А насчёт ва́ших веще́й не беспоко́йтесь. Напиши́те, как я вам сказа́л, и приходи́те ко мне за́втра в полице́йский уча́сток. Я бу́ду там часо́в в оди́ннадцать.

—Вы хоти́те меня́ официа́льно допра́шивать? — ре́зко спроси́л Раско́льников.

— Заче́м же? Пока́ э́то совсе́м не ну́жно.

Порфи́рий Петро́вич любе́зно проводи́л Разуми́хина и Раско́льникова до са́мой две́ри. Раско́льников перевёл дыха́ние.

16

Когда́ Раско́льников пришёл домо́й, он был вконе́ц изму́чен. Он снял фура́жку и положи́л её на стол. Зате́м в бесси́лии лёг на дива́н и закры́л глаза́. Так пролежа́л он полчаса́.

«Я до́лжен был э́то зара́нее знать, — поду́мал он, — и как то́лько я посме́л взять в ру́ки топо́р! Нет, настоя́щий властели́н громи́т Туло́н, де́лает резню́ в Пари́же, забыва́ет а́рмию в Еги́пте, тра́тит полмиллио́на люде́й в моско́вском похо́де; и ему́ же по́сле сме́рти ста́вят па́мятники.

Старушо́нка вздор! Я *переступи́ть* поскоре́е хоте́л. Я не челове́ка уби́л, я при́нцип уби́л! А *переступи́ть* не смог, на э́той стороне́ оста́лся.

За что Разуми́хин социали́стов брани́л? Трудолюби́вый наро́д; о́бщим сча́стьем занима́ются. Нет, мне жизнь дана́ то́лько оди́н раз, я не хочу́ дожида́ться «всео́бщего сча́стья», кото́рое насту́пит неизве́стно когда́. Я то́же хочу́ жить! Я то́лько не захоте́л проходи́ть ми́мо голо́дной ма́тери, зажима́я в карма́не свой рубль, в ожида́нии «всео́бщего сча́стья». И из всех люде́й я вы́брал са́мую бесполе́зную стару́ху и, уби́в, хоте́л взять у неё ро́вно сто́лько, ско́лько мне на́до для пе́рвого ша́га».

Раско́льников неподви́жно смотре́л в потоло́к:

«Мать, сестра́, как я люби́л их! А тепе́рь ненави́жу! А е́сли мать всё узна́ет, что с ней бу́дет тогда́? Со́ня! — он вспо́мнил кро́ткие глаза́ де́вушки. — Ми́лая! Таки́е всё отдаю́т други́м, они́ гляда́т кро́тко и ти́хо... Со́ня, Со́ня! Ти́хая Со́ня!..»

Он забылся, а когда открыл глаза, то увидел на пороге своей комнаты незнакомого ему человека, который внимательно его разглядывал. Раскольников подождал несколько минут, потом приподнялся и сел на диване:

— Ну, говорите, что вам надо?

— А ведь я так и знал, что вы не спите, а только делаете вид, — спокойно ответил незнакомец. — Позвольте представиться, Аркадий Иванович Свидригайлов.

17

— Я зашёл к вам по двум причинам, — начал Свидригайлов, — во-первых, хочу познакомиться с вами лично, во-вторых, надеюсь, что вы поможете мне в одном деле, касающемся вашей сестры. Родион Романович, я считаю лишним оправдывать себя. Но, скажите, пожалуйста, без предрассудков, в чём моё преступление?

— Как вы противны, — с отвращением ответил Раскольников, рассмотрев Свидригайлова.

— Ну конечно! Я в своём доме преследовал беззащитную девушку и «оскорблял её своими гнусными предложениями», — так что ли? Да ведь и я человек, и я способен полюбить! Ведь предлагая ей бежать со мной за границу, я испытывал к ней самые почтительные чувства. Хотел наше счастье устроить! И если бы Марфа Петровна не увидела нас случайно в саду, то никаких препятствий бы не было.

— Всё это у вас от праздности и разврата. А Марфу Петровну вы убили?

— Ну, насчёт этого не знаю, как вам сказать. Во всяком случае, моя совесть спокойна. Медицинское следствие обнаружило апоплексию, которая произошла от купания после плотного обеда с бутылкой вина.

Но я иногда́ ду́маю, не спосо́бствовал ли я всему́ э́тому, раздража́я Ма́рфу Петро́вну нра́вственно. Но пришёл к вы́воду, что нет. Да и уда́рил я её всего́ два ра́за.

Они́ с мину́ту помолча́ли, гля́дя друг на дру́га во все глаза́.

—Мне ка́жется, что ме́жду на́ми есть кака́я-то о́бщая то́чка, а? — продолжа́л Свидрига́йлов. Я хочу́ вас спроси́ть, ве́рите ли вы в бу́дущую жизнь?

—Я не ве́рю в бу́дущую жизнь, — отве́тил Раско́льников.

Свидрига́йлов посиде́л в заду́мчивости, а пото́м проговори́л:

—Мы представля́ем себе́ ве́чность как что́-то огро́мное! Да почему́ же непреме́нно огро́мное? А вдруг там бу́дет одна́ ко́мнатка, а по угла́м пауки́. Вот и вся ве́чность!

—Неуже́ли, вы не мо́жете предста́вить себе́ ничего́ бо́лее утеши́тельного и справедли́вого! — вскри́кнул Раско́льников.

—Справедли́вого? А мо́жет быть, э́то и есть справедли́во.

Раско́льникова вдруг охвати́ло каки́м-то хо́лодом: насто́лько безобра́зным показа́лся ему́ отве́т Свидрига́йлова.

—Позво́льте вас спроси́ть, заче́м вы пришли́ ко мне. Я тороплю́сь, мне ну́жно сейча́с идти́.

—Ва́ша сестра́ выхо́дит за́муж за господи́на Лу́жина? Я уве́рен, е́сли вы его́ ви́дели хотя́ бы полчаса́, то понима́ете, что он Авдо́тье Рома́новне не па́ра. Мне ка́жется, что ва́ша сестра́ великоду́шно* и нерасчётливо же́ртвует собо́й ра́ди свое́й семьи́.

—С ва́шей стороны́ о́чень наха́льно говори́ть об э́том, — отве́тил Раско́льников.

— Я хочу́ встре́титься с Авдо́тьей Рома́новной и объясни́ть ей, что от господи́на Лу́жина ей не бу́дет никако́й вы́годы. Зате́м я хочу́ попроси́ть у неё проще́ния за все неприя́тности, кото́рые я ей причини́л. И, наконе́ц, я хочу́ предложи́ть ей де́сять ты́сяч рубле́й и таки́м о́бразом облегчи́ть разры́в с господи́ном Лу́жиным. А вас я прошу́ переда́ть мои́ слова́ Авдо́тье Рома́новне.

— Е́сли я переда́м, вы не бу́дете иска́ть с ней ли́чного свида́ния?

— Не зна́ю, как вам сказа́ть. Уви́деть её оди́н раз я бы о́чень хоте́л. Ну, до свида́ния. Ах, да! Совсе́м забы́л! Переда́йте ва́шей сестре́, что Ма́рфа Петро́вна оста́вила ей по́сле свое́й сме́рти три ты́сячи рубле́й. Неде́ли че́рез три Авдо́тья Рома́новна смо́жет получи́ть э́ти де́ньги.

Выходя́ из ко́мнаты Раско́льникова, Свидрига́йлов столкну́лся в дверя́х с Разуми́хиным.

18

Бы́ло уже́ почти́ во́семь часо́в, когда́ Раско́льников и Разуми́хин пошли́ к Пульхе́рии Алекса́ндровне и Ду́не. Они́ хоте́ли прийти́ на встре́чу ра́ньше Лу́жина, одна́ко столкну́лись с ним в коридо́ре. Уви́дев Раско́льникова, Пётр Петро́вич реши́л тотча́с уйти́ и тем са́мым наказа́ть обе́их дам, но не реши́лся сде́лать э́то сра́зу. К тому́ же ему́ хоте́лось узна́ть, почему́ они́ нару́шили его́ прика́з. Наказа́ть же их он всегда́ успе́ет. Он был уве́рен, что о́бе да́мы бы́ли по́лностью в его́ вла́сти.

Все мо́лча вошли́ в ко́мнату и се́ли. Пётр Петро́вич вы́нул часы́, что́бы узна́ть вре́мя:

— Оста́ньтесь, Пётр Петро́вич, — сказа́ла Ду́ня, — ведь вы хоте́ли провести́ э́тот ве́чер у нас.

— Да, хоте́л, Авдо́тья Рома́новна, — оби́женно сказа́л Пётр Петро́вич, — но моя́ про́сьба не была́ вы́полнена.

—Ва́ша про́сьба встре́титься без бра́та не была́ вы́-полнена по моему́ жела́нию, — сказа́ла Ду́ня. — Вы написа́ли, что Ро́дя оскорби́л вас. Я ду́маю, что на́до всё неме́дленно вы́яснить и вы должны́ помири́ться. И е́сли Ро́дя вас действи́тельно оскорби́л, то он *до́лжен* попроси́ть у вас проще́ния. Е́сли вы не поми́ритесь, то я должна́ выбира́ть: и́ли вы, и́ли он. Я хочу́ тепе́рь же узна́ть, брат ли он мне? А про вас: дорога́ ли я вам, муж ли вы мне?

—Авдо́тья Рома́новна, — произнёс Лу́жин, — вы говори́те: «и́ли вы, и́ли он» и тем са́мым пока́зываете, как немно́го я для вас зна́чу. Любо́вь к бу́дущему му́жу должна́ превыша́ть любо́вь к бра́ту. Я не могу́ стоя́ть на одно́й доске́ с…

—Вот, Пётр Петро́вич, вы всё Родио́на вини́те, а са́ми о нём непра́вду в письме́ написа́ли, — сказа́ла вдруг Пульхе́рия Алекса́ндровна.

—Я не по́мню, что́бы написа́л каку́ю-нибу́дь непра́вду.

—Вы написа́ли, — ре́зко проговори́л Раско́льни-ков, — что я вчера́ отда́л де́ньги не вдове́ поко́йного, а его́ до́чери. И осуди́ли де́вушку, кото́рую вы да́же не зна́ете. А, по-мо́ему, вы не сто́ите да́же мизи́нца Со́фьи Семёновны, в кото́рую броса́ете ка́мень*. И сде́лали вы э́то для того́, что́бы поссо́рить меня́ с родны́ми.

—Зна́чит, вы бы смогли́ ввести́ её в о́бщество ва́шей ма́тери и сестры́? — спроси́л Лу́жин.

—Я э́то уж сде́лал. Я посади́л её сего́дня ря́дом с ма́менькой и с Ду́ней, — отве́тил Раско́льников.

Лу́жин высокоме́рно улыбну́лся:

—Вы ви́дите са́ми, Авдо́тья Рома́новна, что ме́жду мной и ва́шим бра́том согла́сие невозмо́жно. Сейча́с я ухожу́ и наде́юсь, что э́то была́ моя́ после́дняя встре́ча с ним.

—Пётр Петро́вич, иди́те вон! — сказа́ла Ду́ня, по-
бледне́в от гне́ва.

Лу́жин совсе́м не ожида́л тако́го конца́. Он сли́шком
наде́ялся на свою́ власть над беспо́мощными же́нщина-
ми. Он поверну́лся и вы́шел с бле́дным от зло́сти лицо́м,
унося́ в своём се́рдце не́нависть к Раско́льникову.

Отказа́ться от Ду́ни Лу́жин не мог. Он уже́ давно́
мечта́л жени́ться на хоро́шенькой образо́ванной де́вуш-
ке из благоро́дной, но о́чень бе́дной семьи́, испыта́вшей
мно́го несча́стий, кото́рая бы всю жизнь счита́ла его́
свои́м спаси́телем и подчиня́лась бы то́лько ему́.

«За́втра же на́до всё испра́вить, а гла́вное — уничто-
то́жить э́того мальчи́шку, кото́рый был всему́ причи́-
ной», — ду́мал Лу́жин.

19

—Как, Ро́дя, ты уж ухо́дишь? — спроси́ла Пульхе́рия
Алекса́ндровна с испу́гом.

—Я хоте́л сказа́ть вам, ма́менька, и тебе́, Ду́ня, что
нам лу́чше не́которое вре́мя не ви́деть друг дру́га.
Я себя́ нехорошо́ чу́вствую. Я пото́м сам приду́, когда́...
мо́жно бу́дет. Я вас по́мню и люблю́... Оста́вьте меня́!
Оста́вьте меня́ одного́! Я так реши́л. Проща́йте!

—Го́споди! — вскри́кнула Пульхе́рия Алекса́ндровна.

И мать, и сестра́ бы́ли в стра́шном испу́ге. Разуми́-
хин то́же.

—Я сейча́с приду́! — кри́кнул он, обраща́ясь к Пуль-
хе́рии Алекса́ндровне, и вы́бежал из ко́мнаты.

Раско́льников ждал его́ в конце́ коридо́ра.

—Я так и знал, что ты вы́бежишь, — сказа́л он. —
Верни́сь к ним и будь с ни́ми. Будь у них всегда́. Про-
ща́й! Никогда́ ни о чём меня́ не спра́шивай. Не приходи́
ко мне. Оста́вь меня́, а их... не оставля́й. Понима́ешь
меня́? — Раско́льников ушёл, не протя́гивая руки́.

С этого вечера Разумихин стал для Пульхерии Александровны сыном, а для Дуни братом.

А Раскольников пошёл прямо к дому, где жила Соня. Это был старый трёхэтажный дом зелёного цвета. По узкой и тёмной лестнице Раскольников поднялся на второй этаж.

— Кто тут? — тревожно спросил женский голос.

— Это я... к вам, — ответил Раскольников и вошёл в маленькую переднюю, в которой горела только одна свеча.

— Это вы! Господи! — слабо вскрикнула Соня. Ей было и стыдно, и сладко.

Раскольников, стараясь не глядеть на неё, поскорее прошёл в большую, но очень низкую комнату. Мебели в ней почти не было.

— Я к вам в последний раз пришёл, — угрюмо сказал Раскольников, — я, может быть, вас не увижу больше... Я пришёл одно слово сказать... — Он с состраданием посмотрел на неё. — Мне ваш отец всё тогда про вас рассказал.

Соня смутилась и молча смотрела на своего гостя.

— Катерина Ивановна ведь вас чуть не била, у отца-то? — спросил Раскольников.

— Ах, нет, что вы, что вы, нет! — с испугом посмотрела на него Соня.

— Так вы её любите?

— Её? Да как же! — жалобно протянула Соня. — Ах! Если б вы только знали. Ведь она совсем как ребёнок. Ведь у ней ум совсем от горя помешан. А какая она умная была... какая великодушная... какая добрая! Вы ничего не знаете...

— У Катерины Ивановны чахотка*; она скоро умрёт, — сказал Раскольников. — А дети? Куда вы возьмёте их? И вы мо́жете заболе́ть, и вас в больни́цу отвезу́т, ну что тогда́ с ни́ми бу́дет? — безжа́лостно продолжа́л он.

— Ох, нет!.. Бог э́того не допу́стит! — воскли́кнула Со́ня.

— Да, мо́жет, и Бо́га-то совсе́м нет, — злора́дно отве́тил Раско́льников.

Лицо́ Со́ни вдруг стра́шно измени́лось. Она́ хоте́ла что́-то сказа́ть, но не могла́ и то́лько го́рько запла́кала, закры́в рука́ми лицо́.

Раско́льников подошёл к ней. Он взял её за пле́чи обе́ими рука́ми и пря́мо посмотре́л ей в лицо́… Вдруг он бы́стро наклони́лся и поцелова́л её но́гу. Со́ня в у́жасе отшатну́лась от него́, как от сумасше́дшего. И действи́тельно, он смотре́л совсе́м как сумасше́дший.

— Что вы? Да ведь я вели́кая гре́шница! — пробормота́ла она́.

— Я не тебе́ поклони́лся, я всему́ страда́нию челове́ческому поклони́лся, — произнёс Раско́льников и отошёл к окну́. — Да скажи́ же мне, наконе́ц, — проговори́л он, — как тако́й позо́р и така́я ни́зость в тебе́ ря́дом со святы́ми чу́вствами совмеща́ются? Ведь бы́ло бы ты́сячу раз справедли́вее пря́мо голово́й в во́ду и ра́зом со всем поко́нчить!

— А с ни́ми-то что бу́дет? — спроси́ла Со́ня, не удиви́вшись его́ вопро́су.

Раско́льников всё по́нял: э́та мысль, ви́димо, не раз приходи́ла к ней. И всё-таки для него́ бы́ло зага́дкой: как она́ могла́ остава́ться в тако́м положе́нии и не сойти́ с ума́? Что же поддержива́ло её? Весь э́тот позо́р, очеви́дно, косну́лся её то́лько механи́чески; настоя́щий развра́т не прони́к в её се́рдце.

— Ты мо́лишься Бо́гу, Со́ня? — спроси́л он её.

— Что же я без Бо́га бы де́лала? — бы́стро прошепта́ла она́.

С но́вым, боле́зненным чу́вством Раско́льников смотре́л на Со́ню: «Юро́дивая*!»

На комо́де лежа́л Но́вый заве́т. Он взял кни́гу и стал перели́стывать страни́цы.

— Где тут про Ла́заря? — вдруг спроси́л Раско́льников. — Найди́ и прочита́й мне.

— Заче́м вам? Ведь вы не ве́рите? — прошепта́ла ти́хо Со́ня.

— Чита́й! Я так хочу́! — попроси́л Раско́льников.

Со́ня откры́ла кни́гу, нашла́ оди́ннадцатую главу́ Ева́нгелия от Иоа́нна и начала́ чита́ть. Она́ дошла́ до ме́ста, где Иису́с сказа́л Ма́рфе: «Воскре́снет брат твой… Я есть воскресе́ние и жизнь; ве́рующий в меня́, е́сли и умрёт, оживёт. И вся́кий живу́щий и ве́рующий в меня́ не умрёт вове́к. Ве́ришь ли?» Ма́рфа отвеча́ет Иису́су: «Так, Го́споди! Я ве́рю, что ты Христо́с, Сын Бо́жий, гряду́щий в мир».

Со́ня пони́зила го́лос, чтобы переда́ть сомне́ние неве́рующих, слепы́х иуде́ев, кото́рые сейча́с, че́рез мину́ту паду́т, зарыда́ют и уве́руют… «И он — то́же ослеплённый и неве́рующий — он то́же сейча́с услы́шит, он то́же уве́рует, да, да! сейча́с!» — мечта́ла Со́ня.

Свеча́ догора́ла, освеща́я в э́той ни́щенской ко́мнате уби́йцу и блудни́цу за чте́нием ве́чной кни́ги*. Прошло́ мину́т пять и́ли бо́лее.

— Я о де́ле пришёл поговори́ть, — вдруг гро́мко сказа́л Раско́льников. Он встал и подошёл к Со́не.

— Я сего́дня родны́х бро́сил, — сказа́л он, — мать и сестру́. Я не пойду́ к ним тепе́рь. Я там всё разорва́л.

— Заче́м? — с у́жасом спроси́ла Со́ня.

— У меня́ тепе́рь одна́ ты, — приба́вил он. — Пойдём вме́сте… Я пришёл к тебе́. Мы вме́сте про́кляты, вме́сте и пойдём! — глаза́ Раско́льникова сверка́ли.

—Куда́ идти́? — в стра́хе спроси́ла Со́ня.

—Отку́да я зна́ю? Зна́ю то́лько, что нам идти́ по одно́й доро́ге. У нас одна́ цель! Ты мне нужна́, потому́ я к тебе́ и пришёл.

Со́ня смотре́ла на него́ и ничего́ не понима́ла. Она́ понима́ла то́лько, что он бесконе́чно несча́стен.

—Ра́зве ты не то́ же сде́лала? Ты то́же *переступи́ла*… смогла́ *переступи́ть*. Ты на себя́ ру́ки наложи́ла*, ты загуби́ла жизнь… свою́. Ста́ло быть, нам вме́сте идти́, по одно́й доро́ге!

Со́ня была́ взволно́вана его́ слова́ми.

—Так нельзя́ остава́ться, — продолжа́л Раско́льников. Слома́ть, что на́до, раз навсегда́, да и то́лько. И страда́ние взять на себя́! Свобо́ду и власть, а гла́вное власть! Над всей дрожа́щей тва́рью* и над всем муравей́ником*!.. Вот цель! По́мни э́то! Если же приду́ за́втра, то скажу́ тебе́, кто уби́л стару́ху и Лизаве́ту. Проща́й!

Со́ня вздро́гнула от испу́га.

—Да ра́зве вы зна́ете, кто уби́л? — спроси́ла она́ с у́жасом.

—Зна́ю и скажу́… Тебе́, одно́й! Проща́й. Руки́ не дава́й. За́втра!

Он вы́шел. Со́ня смотре́ла на него́, как на поме́шанного*; но она́ и сама́ была́ как безу́мная и чу́вствовала э́то. «Он до́лжен быть ужа́сно несча́стен!» — поду́мала она́.

Всё э́то вре́мя, пока́ Раско́льников и Со́ня бесе́довали, в сосе́дней ко́мнате за две́рью стоя́л господи́н Свидрига́йлов и подслу́шивал их разгово́р, кото́рый показа́лся ему́ о́чень интере́сным.

20

Ро́вно в оди́ннадцать часо́в утра́ Раско́льников вошёл в полице́йский уча́сток и попроси́л доложи́ть о себе́ Порфи́рию Петро́вичу. Он хоте́л войти́ к сле́дователю с холодным и дерзким видом, дав себе слово вести себя сдержанно и не раздражаться.

— Я вам принёс эту бумажку... о часах ... вот.

— Что? Бумажка? Не беспокойтесь, — проговорил следователь и положил бумагу на стол.

— Вы, кажется, говорили вчера, что желали бы допросить меня по форме о моём знакомстве с этой... убитой? — начал Раскольников. «Ну зачем я так беспокоюсь? Это всё нервы! Беда — проговорюсь!» — подумал он про себя.

— Не беспокойтесь! Время терпит, — ответил Порфирий Петрович, стараясь избегать подозрительного взгляда Раскольникова. — Успеем, успеем!.. А вы курите? Вот, папиросы... — продолжал он.

— А знаете что, — вдруг спросил Раскольников, дерзко посмотрев на Порфирия Петровича, — ведь существует, кажется, такой приём у следователей — начать издалека, с пустяков, чтобы, ободрить допрашиваемого, усыпить его осторожность и потом неожиданно задать ему какой-нибудь опасный вопрос; не так ли?

По лицу Порфирия Петровича пробежало что-то весёлое и хитрое, и он засмеялся, глядя прямо в глаза Раскольникова.

Раскольников встал с места.

— Порфирий Петрович, — начал он решительно, — вы вчера сказали, чтобы я пришёл для каких-то *допросов*. Я пришёл, и если вам надо — спрашивайте, или я уйду. Мне некогда, у меня дело...

— Господи! Да что это вы! О чём вас спрашивать, — заговорил Порфирий Петрович, перестав смеяться, — да не беспокойтесь, пожалуйста, время терпит! Я рад, что вы наконец-то пришли к нам... Я как гостя принимаю вас. А о форме не беспокойтесь!

—Порфирий Петрович! Я вижу ясно, что вы подозреваете меня в убийстве этой старухи и её сестры Лизаветы. Всё это мне давно уже надоело. Если вы имеете право меня законно арестовать, то арестуйте. Но смеяться себе в глаза и мучить себя я не позволю.

Вдруг его губы задрожали, а глаза загорелись бешенством.

—Да что с вами, Родион Романович!? — вскрикнул в испуге Порфирий Петрович. — Выпейте-ка воды! Негодование-то в вас уж очень сильно кипит. Вот вы и хотите поскорее заставить всех заговорить, чтобы со всем разом покончить. Ведь так? Угадал?

—Я хочу знать, свободен ли я от ваших подозрений или нет?

—Да и к чему вам это знать? Почему вы так беспокоитесь? Почему вы сами к нам напрашиваетесь? А?

—Повторяю вам, — закричал в ярости Раскольников, — что не могу больше переносить...

—Чего? Неизвестности? — перебил Порфирий.

—Я не дам себя мучить! Арестуйте меня, обыщите меня, но действуйте по форме, а не играйте со мной! Ты лжёшь и дразнишь меня, чтоб я себя выдал...

—Да уж больше и нельзя себя выдать, Родион Романович. Не кричите, ведь я людей позову!

—Лжёшь, ничего не будет! Зови людей! Ты знал, что я болен, и хотел раздражить меня до бешенства, чтобы я себя выдал, вот твоя цель! Я всё понял! У тебя фактов нет, у тебя одни только догадки!

Раскольников схватил фуражку и пошёл к дверям.

21

В комнате Катерины Ивановны шли приготовления к поминкам. Лужин, который, приехав в Петербург, остановился в том же доме у своего друга, узнал, что в числе́ приглашённых нахо́дится и Раско́льников. Этот факт натолкну́л его́ на не́которую мысль. Накану́не Пётр Петро́вич разменя́л не́сколько кру́пных купю́р и сейча́с, си́дя за столо́м, пересчи́тывал де́ньги.

—Вы говори́те, что меня́ на поми́нки то́же пригласи́ли? — спроси́л он у Андре́я Семёновича Лебезя́тникова — того́ са́мого дру́га, в ко́мнате кото́рого вре́менно жил. — Я не пойду́. А вы зна́ете дочь поко́йника? Попроси́те её прийти́ на мину́ту в э́ту ко́мнату? Я хочу́ уви́деть её. И вы, пожа́луйста, бу́дьте здесь во вре́мя на́шего разгово́ра.

Мину́т че́рез пять Лебезя́тников привёл Со́ню. Пётр Петро́вич встре́тил её ве́жливо и посади́л за стол напро́тив себя́. Со́ня, робе́я, се́ла.

—Вы извини́те меня́, Со́фья Семёновна, что я не бу́ду у вас на поми́нках, и разреши́те оказа́ть вам по́мощь: вот небольша́я су́мма де́нег от меня́ ли́чно для ва́шей ма́чехи*.

Пётр Петро́вич протяну́л Со́не десятирублёвую купю́ру. Со́ня взяла́ её и хоте́ла поскоре́е уйти́. Пётр Петро́вич проводи́л её до двере́й.

Когда́ Со́ня ушла́, Андре́й Семёнович Лебезя́тников подошёл к Лу́жину и торже́ственно протяну́л ему́ ру́ку:

—Я всё слы́шал и всё ви́дел, — сказа́л он. — Это благоро́дно! Вы жела́ли избежа́ть благода́рности, я ви́дел!

Пётр Петро́вич его́ не слу́шал. Он был дово́лен собо́й и о чём-то сосредото́ченно ду́мал. Всё э́то Андре́й Семёнович вспо́мнил по́зже.

Поми́нки бы́ли в са́мом разга́ре, когда́ неожи́данно откры́лась дверь, и на поро́ге ко́мнаты появи́лся Пётр Петро́вич Лу́жин. Он стоя́л и внима́тельно смотре́л на всех. Катери́на Ива́новна бро́силась к нему́.

—Извини́те, Катери́на Ива́новна, но у меня́ ва́жное де́ло. Я хочу́ неме́дленно поговори́ть с ва́шей па́дчерицей*, — Пётр Петро́вич напра́вился к Со́не.

Че́рез мину́ту на поро́ге появи́лся и Лебезя́тников.

—Со́фья Семёновна, — продолжа́л Лу́жин, обраща́ясь к удивлённой и испу́ганной Со́не, — у меня́ со стола́ исче́зла сторублёвая купю́ра. Я э́то обнару́жил сра́зу по́сле ва́шего ухо́да.

В ко́мнате все замолча́ли, да́же де́ти. Со́ня стоя́ла бле́дная и ничего́ не могла́ поня́ть. Прошло́ не́сколько секу́нд.

—Я не зна́ю… Я ничего́ не зна́ю… — наконе́ц проговори́ла она́ сла́бым го́лосом.

—Не зна́ете? — переспроси́л Лу́жин. — Поду́майте, мадемуазе́ль. Ина́че, я бу́ду неумоли́м!

—Я ничего́ не брала́ у вас, — прошепта́ла в у́жасе Со́ня, — вы да́ли мне де́сять рубле́й, вот возьми́те их.

Она́ испу́ганно посмотре́ла круго́м, ища́ подде́ржки. Но у всех бы́ли насме́шливые и стро́гие ли́ца. Со́ня взгляну́ла на Раско́льникова: тот стоя́л у стены́, сложи́в ру́ки на груди́, и смотре́л на неё.

—О Го́споди! — вы́рвалось у Со́ни.

—Как! — вскри́кнула Катери́на Ива́новна и бро́силась к Лу́жину, — вы её в воровстве́ обвиня́ете? Это Со́ня-то воро́вка! Да вы ещё не зна́ете, како́е э́то се́рдце, кака́я э́то де́вушка! Да она́ после́днее отда́ст, е́сли вам на́до бу́дет, вот она́ кака́я!

Катери́на Ива́новна подбежа́ла к свое́й па́дчерице.

—Со́ня, покажи́, что у тебя́ в карма́нах! Смотри́те, здесь плато́к лежи́т. Вот друго́й карма́н! Ви́дите! — крича́ла Катери́на Ива́новна, вывора́чивая карма́ны Со́ни.

Вдруг из пра́вого карма́на вы́пала бума́жка и упа́ла к нога́м Лу́жина. Это была́ сторублёвая купю́ра. Все разом заговорили. Соня стояла неподвижно. Вдруг она покраснела, закрыла лицо руками:

— Нет, это не я! Я не брала! Я не знаю! — закричала она и бросилась к Катерине Ивановне. Та схватила её и крепко прижала к себе.

— Как это низко! — раздался вдруг голос Лебезятникова в дверях.

Пётр Петрович быстро оглянулся.

— Какая низость! — повторил Лебезятников, пристально посмотрев в глаза Лужину. Пётр Петрович вздрогнул. Это заметили все.

— Это он сам, своими собственными руками положил этот сторублёвый билет Софье Семёновне в карман. Когда в дверях прощался с нею. Я видел, я свидетель! Только я-то, дурак, подумал, что он это сделал из благодеяния! — заявил Лебезятников.

— Дичь! — в бешенстве завопил Лужин. — Да что я, нарочно ей положил? Для чего?

— Для чего? Вот этого-то я и сам не понимаю, — ответил Лебезятников.

— Я могу объяснить, — твёрдым голосом произнёс Раскольников. — Недавно господин Лужин сватался к моей сестре, но он поссорился со мной, и я его выгнал. Сейчас его свадьба расстроена, и он не может простить мне этого. А ещё он рассердился на меня за то, что я поставил на одну доску мою сестру и Софью Семёновну. Если бы ему удалось доказать, что Софья Семёновна — воровка, то он доказал бы моей сестре и матери, что, нападая на меня, он защищал честь моей сестры, своей невесты. Одним словом, через всё это он надеялся восстановить отношения с моей сестрой. Вот весь его расчёт!

Все окружили Лужина с ругательствами и угрозами. «А теперь пора и мне!» — подумал Раскольников и вышел.

22

Он отпра́вился на кварти́ру к Со́не, что́бы сказа́ть ей, кто уби́л стару́ху и Лизаве́ту. Когда́ он вошёл в ко́мнату, Со́ня вста́ла с дива́на и пошла́ навстре́чу, то́чно ждала́ его́.

—Что, Со́ня? — спроси́л он, — ты поняла́, что е́сли бы Лу́жин захоте́л, он бы упря́тал тебя́ в тюрьму́, не случи́сь тут меня́ и Лебезя́тникова! А тепе́рь предста́вь себе́, Со́ня, что ты зара́нее зна́ешь все наме́рения Лу́жина и зна́ешь, что из-за него́ мо́жет поги́бнуть Катери́на Ива́новна и её де́ти. И реше́ние, кому́ жить на све́те, а кому́ умере́ть, зави́сит то́лько от тебя́. Как бы ты реши́ла, кому́ из них умере́ть? Я тебя́ спра́шиваю: Лу́жину ли жить и де́лать ме́рзости и́ли умира́ть Катери́не Ива́новне?

—Да ведь я Бо́жьего про́мысла* знать не могу́. Как мо́жет случи́ться, что жизнь челове́ка зави́сит от мо́его реше́ния? И кто поста́вил меня́ судьёй: кому́ жить, кому́ не жить?

—Я вчера́ сказа́л тебе́, что зна́ю, кто уби́л стару́ху и Лизаве́ту.

—Его́ нашли́? — ро́бко спроси́ла Со́ня.

—Нет, не нашли́.

—Так отку́да же вы об э́том зна́ете? — чуть слы́шно спроси́ла она́.

Раско́льников поверну́лся и при́стально посмотре́л на неё.

—Угада́й, — проговори́л он с бесси́льной улы́бкой. — Угада́ла?

—Го́споди! — вы́рвался ужа́сный вопль из её груди́.

—Дово́льно, Со́ня, дово́льно! Не мучь меня́! — попроси́л Раско́льников.

Не по́мня себя́, она́ вскочи́ла и вста́ла пе́ред ним на коле́ни.

—Что вы над собой сделали! — отчаянно проговорила Соня, вскочив с колен. Она бросилась ему на шею и крепко обняла его.

Раскольников с грустной улыбкой посмотрел на неё:

—Какая ты странная, Соня, — я тебе всё рассказал, а ты обнимаешь меня и целуешь.

—Теперь нет никого несчастнее тебя на целом свете! — воскликнула она и заплакала.

—Так ты не оставишь меня, Соня? — проговорил он.

—Нет, нет; никогда и нигде! Я за тобой всюду пойду! О Господи! И почему я тебя раньше не знала! Почему ты раньше не приходил?

—Вот и пришёл.

—Теперь-то что делать! На каторгу* с тобой вместе пойду!

На губах Раскольникова появилась надменная улыбка:

—Я, Соня, на каторгу-то, может, и не хочу идти.

Соня быстро на него посмотрела. В его переменившемся тоне ей вдруг послышался убийца. И опять она не поверила: «Он убийца! Да разве это возможно?»

—Да что это! — проговорила она в глубоком недоумении, — да как вы могли на это решиться?

—Чтобы ограбить, — устало и даже с досадой ответил он.

—Ты был голоден! Ты... чтобы матери помочь? Да?

—Нет, Соня, нет, — бормотал он, — Не был я так голоден... я действительно хотел помочь матери, но... и это не совсем верно... не мучь меня, Соня! А те деньги... я, впрочем, даже и не знаю, были ли там и деньги-то, — прибавил он тихо, — я снял тогда кошелёк с шеи... да я не посмотрел в него; не успел ... Ну, а вещи на одном дворе под камень положил... Всё там и лежит...

61

— Ну, так зачем же? — быстро спросила она.

— Не знаю… я ещё не решил — возьму или не возьму эти деньги. Знаешь, Соня, если бы я зарезал, потому что был голоден, то я бы теперь счастлив был! Соня, ты у меня одна осталась. Не оставишь меня?

Она сжала его руку.

— И ты можешь любить такого подлеца?

— Да разве ты не мучаешься? — вскричала Соня.

— Соня, у меня сердце злое. Хочу тебе всё рассказать, а не знаю, как начать.

Он остановился и задумался. Потом с болью посмотрел на неё.

— А что и в самом деле! Ведь это так и было! Я хотел Наполеоном сделаться, оттого и убил… Ну, понятно теперь? Я задал себе вопрос: если бы Наполеону для карьеры надо было убить какую-нибудь смешную старушонку, чтобы у неё из сундука деньги украсть, сделал бы он это, или нет? Если бы другого выхода не было?

— Вы лучше говорите мне прямо… без примеров, — чуть слышно попросила Соня. Он повернулся к ней, грустно посмотрел на неё и взял её за руки.

— Видишь Соня: ты ведь знаешь, что у матери моей почти ничего нет. Сестра получила образование случайно. И теперь должна работать гувернанткой в чужих домах. Все их надежды были на одного меня. Я учился, но содержать себя в университете* не мог и на время ушёл из него. Лет через десять я всё-таки мог надеяться стать каким-нибудь учителем или чиновником с небольшим жалованьем*. А к тому времени мать высохла бы от горя, а с сестрой могло бы случиться что-нибудь похуже! Ну, вот я и решил, взяв деньги старухи, обеспечить свою учёбу в университете, и пе́рвые шаги́ по́сле университе́та. Встать на но́вую, незави́симую доро́гу. Ну, вот и всё.

Раско́льников в бесси́лии зако́нчил расска́з и опусти́л го́лову.

— Ох, э́то не то, не то! — в тоске́ восклица́ла Со́ня.

— Я ведь то́лько бесполе́зную вошь уби́л, Со́ня.

— Это челове́к-то вошь!

— Да ведь и я зна́ю, что не вошь. А впро́чем, я вру. Про́сто я самолюби́в, зави́стлив, зол и мсти́телен. Я вот тебе́ то́лько что сказа́л, что в университе́те себя́ содержа́ть не мог. А мо́жет, и мог? На сапоги́, пла́тье* и хлеб я бы зарабо́тал! Мне неплохи́е уро́ки предлага́ли. Рабо́тает же Разуми́хин! Да я обозли́лся и не захоте́л. Я тогда́, как пау́к, к себе́ в у́гол спря́тался. О, как ненави́дел я э́ту кону́ру! А выходи́ть из неё не хоте́л. Всё лежа́л и ду́мал. На́до бы́ло учи́ться, а я кни́ги про́дал. Мне нра́вилось лежа́ть и ду́мать. И я тепе́рь зна́ю, Со́ня, кто кре́пок и силён умо́м и ду́хом, тот над людьми́ и власте́лин! Кто мно́го посме́ет, тот у них и прав. Так всегда́ бы́ло и так всегда́ бу́дет!

Со́ня поняла́, что э́ти мра́чные убежде́ния ста́ли его́ ве́рой и зако́ном.

— Я догада́лся тогда́, Со́ня, — продолжа́л он восто́рженно, — что власть даётся то́лько тому́, кто посме́ет её взять. Сто́ит то́лько посме́ть! Мне вдруг ста́ло я́сно, что до сих по́р про́сто ещё никто́ не посме́л взять всё за хвост и стряхну́ть к чёрту! Я... я захоте́л осме́литься и уби́л... я то́лько осме́литься захоте́л, Со́ня, вот вся причи́на!

— О, молчи́те, молчи́те! — вскри́кнула Со́ня. — Вы от Бо́га отошли́, и Бог вас наказа́л, дья́волу отда́л!

— Молчи́, Со́ня, я ведь и сам зна́ю, что меня́ чёрт тащи́л. Я уже́ догада́лся, что е́сли на́чал себя́ спрашивать, име́ю ли я пра́во на власть, то э́то зна́чит, что не име́ю. Не для того́ я уби́л, чтобы, получи́в сре́дства и власть, сде́латься благоде́телем челове́чества. Вздор! Я для себя́ уби́л, для себя́ одного́! И не де́ньги нужны́ мне бы́ли, Со́ня, а *друго́е*. Мне на́до бы́ло узна́ть, вошь ли я, как все, и́ли челове́к? Смогу́ ли я *переступи́ть* и́ли не смогу́! Тварь ли я дрожа́щая и́ли пра́во име́ю...

—Убива́ть-то пра́во име́ете? — воскли́кнула Со́ня.

—Я то́лько хоте́л сказа́ть тебе́, что э́то чёрт меня́ тогда́ потащи́л, а пото́м он же мне и объясни́л, что я не име́л пра́ва э́то де́лать, потому́ что я така́я же вошь, как и все!

—И уби́ли! Уби́ли!

—Ра́зве так убива́ют? Ра́зве я старушо́нку уби́л? Я себя́ уби́л! — вскрича́л Раско́льников в тоске́. — Ну, что тепе́рь де́лать, говори́! — спроси́л он и с отча́янием посмотре́л на неё.

—Что де́лать! — воскли́кнула Со́ня. Иди́ на перекрё-сток, поцелу́й снача́ла зе́млю, кото́рую ты оскверни́л, а пото́м поклони́сь на все четы́ре сто́роны и скажи́ всем вслу́х: «Я уби́л!» Тогда́ Бог опя́ть тебе́ жизнь пошлёт. Пойдёшь?

—Это ты про ка́торгу, Со́ня? Донести́, что ль, на себя́* на́до? — спроси́л он мра́чно.

—Страда́ние приня́ть и всё искупи́ть, вот что на́до.

—Нет! Не пойду́ я к ним, Со́ня.

—А жить-то как бу́дешь? — воскли́кнула Со́ня. — Ну как ты с ма́терью бу́дешь говори́ть? Ведь ты уже́ бро́сил мать и сестру́. Ну как же без люде́й-то прожи́ть! Что с тобо́й тепе́рь бу́дет!

—Не будь ребёнком, Со́ня, — ти́хо проговори́л он. — В чём я винова́т пе́ред ни́ми? Они́ са́ми миллио́ны люде́й убива́ют. Не пойду́.

—Заму́чаешься, заму́чаешься, — повторя́ла она́ с от-ча́янием.

—Я, мо́жет, поторопи́лся себя́ осуди́ть, — мра́чно заме́-тил Раско́льников, — мо́жет, я челове́к, а не вошь Я ещё поборю́сь, — надме́нная усме́шка появи́лась на его́ губа́х.

—Таку́ю-то му́ку нести́! Да ведь це́лую жизнь!

—Привы́кну... — проговори́л он угрю́мо. — Слу́-шай, — на́чал он че́рез мину́ту, — пора́ о де́ле: я при-шёл тебе́ сказа́ть, что меня́ тепе́рь и́щут. То́лько вот что: я им не да́мся. У них нет настоя́щих ули́к*. Но в тюрьму́ меня́, наве́рное, поса́дят. Это ничего́: поси-жу́ да и вы́йду. Я то́лько хочу́, чтобы ты всё зна́ла... Бу́дешь ко мне в тюрьму́ ходи́ть?

—О, бу́ду! Бу́ду!

Оба сиде́ли ря́дом, гру́стные и уби́тые.

—Есть на тебе́ крест? — вдруг неожи́данно спроси́ла Со́ня. На, возьми́ мой! Вме́сте ведь страда́ть пойдём, вме́сте и крест понесём!

23

В тот день Раско́льников был в свое́й ко́мнате, когда́ вдруг откры́лась дверь и вошёл Порфи́рий Петро́вич.

—А ведь я к вам уже́ заходи́л три дня наза́д, — ска-за́л сле́дователь. — Зашёл, ко́мната откры́та, вас нет; я подожда́л да и ушёл.

Лицо́ Раско́льникова омрачи́лось. Порфи́рий угада́л его́ мы́сли.

—Я объясни́ться пришёл, Родио́н Рома́нович! Ведь э́то я заста́вил вас страда́ть. А тепе́рь хочу́ извини́ть-ся и доказа́ть, что и я челове́к с се́рдцем и со́вестью. Я счита́ю вас благоро́днейшим челове́ком, хотя́ и не во всём согла́сен с ва́ми.

Раско́льников испуга́лся. Мысль о том, что Порфи́рий счита́ет его́ невино́вным, начала́ пуга́ть его́.

—Так… кто же… убил?.. — спросил он следователя.

—Как кто убил?.. — переспросил Порфирий, точно не веря своим ушам, — да вы убили, Родион Романович! Вы и убили.

Раскольников вскочил с дивана, постоял несколько секунд и сел опять, не говоря ни слова.

—Это не я убил, — испуганно прошептал он.

—Нет, это вы, Родион Романович, больше некому, — строго и убеждённо прошептал Порфирий.

—А если так, зачем вы пришли? — спросил Раскольников. — Если вы меня виновным считаете, посадите меня в тюрьму.

—Я пришёл к вам с предложением: вы должны добровольно прийти в полицию и во всём признаться. Так будет лучше, Родион Романович! Я обещаю, что в суде к вам будут снисходительны. Я честный человек, Родион Романович, и своё слово сдержу.

Раскольников грустно молчал. Порфирий Петрович продолжал:

—Поверьте, ваша жизнь на этом не кончилась и вы не безнадёжный подлец. Вы один из тех, кто если веру или Бога найдёт, то выдержит всё. Ну, и найдите, и будете жить. Что же, страдание — тоже дело хорошее. Вы долго не размышляйте, а отдайтесь жизни. Она вас прямо на берег вынесет и на ноги поставит. На какой берег? Я не знаю. Я только верю, что вам ещё много жить. И стыдно трусить. Я даю вам время, погуляйте немного и приходите к нам.

Порфирий Петрович ушёл. Через несколько минут Раскольников сам вышел из комнаты.

24

Раскольников остановился на мосту и задумчиво смотрел на воду. Он даже не заметил, что к нему подошла Авдотья Романовна. Она остановилась и не знала: позвать брата или нет? Вдруг она заметила вдали Свидригайлова, который делал ей знаки. Этими знаками он просил её не трогать Раскольникова. Дуня потихоньку обошла брата и приблизилась к Свидригайлову.

—Пойдёмте скорее, — прошептал Свидригайлов. — Я не хочу, чтобы Родион Романович знал о нашем свидании.

—Теперь нас брат не увидит, — сказала Дуня, когда они повернули за угол, — дальше я с вами не пойду. Скажите мне здесь всё, что хотели.

—Об этом нельзя говорить на улице, к тому же вы должны выслушать и Софью Семёновну. А ещё я покажу вам кое-какие документы... Ну и, наконец, в моих руках находится тайна вашего брата.

Дуня остановилась и посмотрела на Свидригайлова.

—Софья Семёновна предупреждена?

—Нет, я не говорил ей ни слова и даже не уверен, дома ли она теперь. Я живу на одном с ней этаже, вот мы и пришли.

Свидригайлов постучал в дверь Сони. Никто не ответил:

—Неудача! Но я знаю, что она может прийти очень скоро. А вот и мой номер. Вот мои комнаты. Теперь взгляните сюда, я вам покажу мои главные документы: из моей спальни вот эта дверь ведёт в две пустые комнаты, которые отдаются внаём. Вот они...

Дунечка остановилась на пороге, не понимая, зачем Свидригайлов показывает ей эти комнаты. Но он всё объяснил:

—Вы видите эту дверь, она закрыта на ключ. Возле двери стоит стул. Это я принёс из своей квартиры, чтобы было удобнее слушать. За дверью стоит стол Софьи Семёновны; там она сидела и разговаривала с вашим братом. А я здесь подслушивал, сидя на стуле, и всё узнал.

—Вы подслушивали?

—Да, я подслушивал.

Он привёл Авдотью Романовну в одну из своих комнат и пригласил её сесть. В его глазах блистал тот самый пламень, которого боялась Дунечка.

—Вот письмо, которое вы написали мне, — начала Дунечка. — Вы пишете, что брат совершил преступление. Но вы лжёте. У вас не может быть никаких доказательств. Я вам не верю!

—Если бы вы не верили, то не пришли бы ко мне. Зачем же вы пришли? Из одного любопытства? Что же касается вашего брата, то он два вечера подряд приходил к Софье Семёновне. Я вам показывал, где они сидели. Он рассказал ей всё: как убил старуху и её сестру и как их ограбил. Софья Семёновна так же ужаснулась, как и вы теперь. Но будьте спокойны, она его не выдаст.

—Разве это возможно, чтобы он мог украсть и ограбить?

—У него есть теория. Он считает, что преступление можно совершить, если главная цель хороша.

—Я хочу видеть Софью Семёновну, — сказала Дунечка.

—Софья Семёновна придёт только к ночи.

—А, так ты лжёшь! Я вижу! Я тебе не верю! — кричала Дунечка.

—Авдотья Романовна, успокойтесь! Знайте, что мы его спасём. Хотите, я увезу его за границу? У меня есть деньги; я достану билет и паспорт. Ваш брат ещё может стать великим человеком.

—Каким образом вы можете его спасти?

—Всё это от вас зависит, — начал Свидригайлов.

Дуня в испуге отшатнулась от него.

—Одно ваше слово, и он спасён! У меня есть деньги и друзья. Хотите? Я возьму паспорт для вас и вашей матери. Зачем вам Разумихин? Я вас также люблю. Я всё для вас сделаю.

Дуня вскочила и бросилась к дверям.

—Откройте! — кричала она через дверь. — Неужели нет никого?

Свидригайлов встал. На его губах была злобная улыбка.

—Там никого нет, — сказал он тихо.

Дуня побледнела как смерть:

—Подлец! — прошептала она.

—Подумайте: судьба вашего брата и вашей матери в ваших руках. Я же буду ваш раб… всю жизнь… я вот здесь буду ждать…

Свидригайлов сел на диван. Вдруг Дуня вынула из кармана револьвер. Свидригайлов вскочил с места.

—Вот как! — воскликнул он злобно. — Ну, стреляй!

Дуня подняла револьвер и, бледная, со сверкающими, как огонь, большими чёрными глазами, смотрела на него. Никогда ещё Свидригайлов не видел её столь прекрасной. Он сделал шаг, и выстрел раздался. Пуля прошла по его волосам и ударилась в стену. Свидригайлов остановился и тихо засмеялся:

—Прямо в голову метит. Что это? Кровь! — Он вынул платок, чтобы вытереть кровь.

Дуня опустила револьвер и смотрела на Свидригайлова:

—Оставьте меня! — сказала она в отчаянии, — или я опять выстрелю. Я убью вас!

Дунечка выстрелила ещё раз, но револьвер дал осечку*!

—Зарядили неаккуратно. Ничего! У вас там ещё есть. Стреляйте.

Вдруг Дуня бросила револьвер.

—Бросила! — сказал Свидригайлов, подошёл к ней и обнял за талию.

Дуня дрожала как лист и смотрела на него умоляющими глазами.

—Так не любишь? — тихо спросил её Свидригайлов.

Дуня отрицательно покачала головой.

—Вот ключ! Берите и уходите скорее! — Свидригайлов положил ключ на стол.

—Скорей! Скорей! — повторил Свидригайлов.

Дуня взяла ключ, открыла дверь и выбежала из комнаты.

Свидригайлов постоял у окна минуты три. На его лице была печальная, жалкая улыбка. Вдруг ему на глаза попался револьвер. Он поднял и осмотрел его. Можно было выстрелить ещё один раз. Свидригайлов подумал, сунул револьвер в карман, взял шляпу и вышел.

25

В тот вечер Свидригайлов пришёл домой в десять часов, достал все свои деньги и прошёл прямо к Соне. Она была дома. Свидригайлов попросил Соню сесть к столу.

—Я, Софья Семёновна, может, в Америку уеду, — сказал Свидригайлов, — а сейчас пришёл сделать необходимые распоряжения, чтобы помочь детям Катерины Ивановны. Она умерла, поэтому ваша младшая сестра и братья будут пристроены в детский приют. За их содержание я уже заплатил. А вот эти деньги вы возьмите себе, — он передал ей три тысячи рублей. —

Они́ вам нужны́, потому́ что, Со́фья Семёновна, так жить бо́льше нельзя́.

—Вы так мно́го для нас сде́лали. За де́ньги, Арка́дий Ива́нович, спаси́бо, но они́ мне тепе́рь не нужны́. Я себя́ одну́ всегда́ прокормлю́.

—Де́ньги, Со́фья Семёновна, вам ско́ро пона́добятся. У Родио́на Рома́новича тепе́рь две доро́ги: и́ли пу́ля в лоб, и́ли на ка́торгу. А е́сли он на ка́торгу, то вы ведь пойдёте за ним? Зна́чит, де́ньги пона́добятся. Ну, тепе́рь до свида́нья. Родио́ну Рома́новичу покло́н.

Со́ня вста́ла со сту́ла и испу́ганно смотре́ла на него́.

—Как же вы тепе́рь в тако́й дождь и пойдёте?

—Ну, в Аме́рику собира́ться да дождя́ боя́ться, хехе́! Проща́йте, Со́фья Семёновна! Живи́те, вы нужны́ други́м.

Он вы́шел, оста́вив Со́ню в како́м-то нея́сном подозре́нии.

Оста́ток но́чи Свидрига́йлов провёл в како́й-то гости́нице на Петрогра́дской стороне́*. Когда́ он просну́лся у себя́ в но́мере, бы́ло уже́ пять часо́в утра́. На у́лице стоя́л густо́й тума́н, и ничего́ не́ было ви́дно. Свидрига́йлов встал и оде́лся. Он убеди́лся, что револьве́р лежа́л в карма́не его́ пальто́. Пото́м он сел и написа́л в записно́й кни́жке не́сколько строк. Че́рез не́сколько мину́т он был на у́лице.

По доро́ге Свидрига́йлов заме́тил, что у воро́т како́го-то до́ма стоя́л солда́т. Он подошёл побли́же к э́тому солда́ту, так, что́бы тот мог его́ ви́деть, приста́вил револьве́р к своему́ пра́вому виску́, а пото́м нажа́л на куро́к.

26

Раско́льников спеши́л домо́й. Ему́ хоте́лось ко́нчить всё до зака́та со́лнца. Войдя́ в свою́ ко́мнату, он уви́дел

Ду́нечку. В её взгля́де был у́жас. Раско́льников сра́зу по́нял, что ей всё изве́стно.

—Мы с Со́фьей Семёновной жда́ли тебя́. Где ты был всю ночь?

—Я ходи́л о́коло Невы́, хоте́л там и поко́нчить со всем, но... я не реши́лся... — прошепта́л он.

—Сла́ва Бо́гу! Именно э́того мы боя́лись!

Раско́льников го́рько усмехну́лся.

—Я ни́зкий челове́к, Ду́ня.

—Ни́зкий челове́к, а на страда́ние гото́в идти́! Ведь ты идёшь?

—Иду́. Сейча́с. Чтобы избежа́ть э́того стыда́, я и хоте́л утопи́ться. Но поду́мал, е́сли я счита́л себя́ до сих пор си́льным, то почему́ я тепе́рь бою́сь стыда́.

Мину́ты две они́ молча́ли. Вдруг он встал:

—По́здно, пора́. Я сейча́с иду́ в поли́цию признава́ться.

Слёзы текли́ по щека́м Ду́ни.

—Сестра́, ты пла́чешь, а ты мо́жешь протяну́ть мне ру́ку?

Ду́ня кре́пко обняла́ Раско́льникова.

—Ду́ня, ми́лая! Если я винова́т, прости́ меня́. Проща́й! Пора́! За мной не ходи́. Иди́ тепе́рь к ма́тери. Это моя́ после́дняя про́сьба к тебе́. Будь с ней! Разуми́хин то́же бу́дет с ва́ми: я его́ проси́л. Не плачь обо мне́: я постара́юсь быть му́жественным и че́стным всю жизнь, хотя́ я и уби́йца.

Они́ о́ба вы́шли на у́лицу. Раско́льников пошёл к Со́не.

27

Когда́ он вошёл к Со́не, уже́ начина́лись су́мерки. Весь день Со́ня прождала́ его́ в ужа́сном волне́нии. Ра́достный крик вы́рвался из её груди́.

—Со́ня, я пришёл, что́бы ты зна́ла, что я иду́. Да ведь ты и сама́ хоте́ла, чтоб я пошёл.

—Перекрести́сь хотя́ бы раз, — ро́бким го́лосом попроси́ла она́.

Он не́сколько раз перекрести́лся. Со́ня схвати́ла свой плато́к и наки́нула его́ на го́лову. Он по́нял, что она́ хо́чет идти́ вме́сте с ним.

—Ты куда́? Остава́йся! Я оди́н, — сказа́л он и пошёл к дверя́м.

Раско́льников вошёл на Сенну́ю пло́щадь и напра́вился туда́, где бы́ло бо́льше наро́ду. Он вдруг вспо́мнил слова́ Со́ни: «Пойди́ на перекрёсток, поклони́сь наро́ду, поцелу́й зе́млю, потому́ что ты и пред ней согреши́л, и скажи́ всему́ ми́ру вслух: "Я уби́йца!"». Се́рдце Раско́льникова смягчи́лось, и хлы́нули слёзы. Он как стоя́л, так и упа́л на зе́млю и поцелова́л её с наслажде́нием и сча́стьем. В э́то вре́мя он уви́дел Со́ню. Раско́льников по́нял, что Со́ня тепе́рь бу́дет с ним всегда́ и пойдёт за ним хоть на край све́та. Пото́м он встал и пошёл в полице́йский уча́сток.

Вот он уже́ и дошёл до роково́го ме́ста, откры́л дверь. «Мо́жет, не на́до говори́ть», — мелькну́ло у него́ в голове́.

—К нам? По како́му де́лу? — воскли́кнул оди́н из сле́дователей.

—Я зашёл спроси́ть... я ду́мал, что найду́ здесь Порфи́рия Петро́вича.

—Он уже́ ушёл, а у меня́ рабо́та. Вот сего́дня у́тром како́й-то господи́н Свидрига́йлов застрели́лся на Петрогра́дской стороне́.

Раско́льников вздро́гнул:

—Мне пора́, извини́те, — сказа́л он и вы́шел.

Его́ голова́ кружи́лась. Недалеко́ от полице́йского уча́стка стоя́ла бле́дная Со́ня и смотре́ла на него́. Раскольников остановился перед нею, усмехнулся и повернул назад.

—А? Вы опять! Забыли что-нибудь? — спросил офицер.

—Это я ... — начал Раскольников. — Это я убил тогда старуху-ростовщицу и сестру её Лизавету топором и ограбил.

Эпилог

Сибирь. На берегу широкой, пустынной реки стоит город, в городе крепость, в крепости острог*. В остроге уже девять месяцев заключён Родион Раскольников. Со дня его преступления прошло почти полтора года.

Приговор оказался милостивее*, чем можно было ожидать. Преступник добровольно явился с повинной и чистосердечно признался во всём. Поэтому Раскольникова осудили на каторжные работы всего на восемь лет.

Через несколько месяцев после отправки брата в Сибирь Дуня вышла замуж за Разумихина. Они с мужем всерьёз обсуждали планы через пять лет поселиться в Сибири, в том городе, где будет жить Раскольников.

Был ясный и тёплый день. Раскольников вышел на берег, сел на брёвна и стал смотреть на широкую и пустынную реку. С высокого берега открывался красивый вид. Раскольников сидел и смотрел. Он ни о чём не думал, но какая-то тоска волновала и мучила его.

Вдруг около него оказалась Соня. Она неслышно подошла и села рядом с ним. Соня радостно улыбнулась Раскольникову. Как это случилось, он и сам не знал, но вдруг он склонился к её ногам. Он плакал и обнимал её колени. В первое мгновение Соня ужасно испугалась. Но сразу же всё поняла. В глазах её засветилось счастье. Он любит, бесконечно любит её! Пришла, наконец, эта минута, которую она так долго ждала!

Они́ хоте́ли говори́ть, но не могли́. Слёзы стоя́ли в их глаза́х. Но в их бле́дных ли́цах уже́ сия́ла заря́ обновлённого бу́дущего, по́лного воскресе́ния в но́вую жизнь. Их воскреси́ла любо́вь. Они́ реши́ли ждать и терпе́ть. Им остава́лось ещё семь лет.

1866

Комментарий

Список сокращений

Посл. — пословица
Религ. — религиозное понятие
Устар. — устарелое слово
Фраз. — фразеологизм

В нача́ле ию́ля — время действия романа — 1865 год.

Покуси́ться *здесь*: решиться.

Закла́д *устар.* = **залог** — вещь, которую отдают другому человеку на определённое время и получают за неё деньги под проценты.

Ни́зко *здесь*: подло, безнравственно.

Распи́вочная *устар.* — дешёвое кафе низшего разряда, где продают спиртное.

Отставно́й чино́вник — чиновник, ушедший с государственной службы.

Бе́дность — не поро́к *посл.* — не надо стыдиться своей бедности.

Дворя́не — лица, принадлежащие к **дворя́нству** — самому привилегированному сословию (социальной группе людей) царской России.

Потеря́л ме́сто на слу́жбе — был уволен с работы.

Нашёл ме́сто — нашёл работу.

Жёлтый билет — удостоверение жёлтого цвета, полиция выдавала такие удостоверения проституткам.

Похмелье — болезненное состояние на следующий день после пьянства. Человек в таких случаях выпивает спиртное, чтобы почувствовать себя лучше.

Каморка — маленькая тесная комната.

Гувернантка — воспитательница детей в богатых семьях.

Помещик — в России до 1917 года: землевладелец (обычно дворянин).

Васильевский остров — район в Петербурге.

Достал мне работу — нашёл мне работу.

Грош — медная монета; **гроши** — очень маленькая сумма денег.

Пошёл куда глаза глядят — не выбирая пути, без определённого направления.

Кабак — кафе низшего разряда.

Нева — река, на которой расположен Петербург.

Сенная площадь — здесь находился главный рынок Петербурга.

Ростовщица *устар.* — тот, кто даёт деньги в долг под большие проценты.

Маляр — рабочий, занимающийся окраской помещений.

Письмоводитель *устар.* — служащий канцелярии.

Обморок — потеря сознания.

Бредить — говорить бессмысленно.

Состояние — собственность.

Полицейский участок — в России до 1917 года отделение городской полиции.

Коляска *здесь*: экипаж с откидным верхом.

Клевета — ложное обвинение.

Отпевание — чтение молитв и церковное пение над телом умершего при похоронах.

Поми́нки — угощение после похорон в память умершего.

Великоду́шно, великоду́шный — человек, обладающий высокими душевными качествами.

Броса́ть ка́мень в кого́-либо *фраз.* — обвинять, осуждать кого-либо.

Чахо́тка *устар.* — тяжёлая форма туберкулёза лёгких.

Юро́дивая — ненормальная.

Ве́чная кни́га *здесь*: Библия.

На себя́ ру́ки наложи́ть *фраз., устар.* — убить себя.

Над все́ю дрожа́щей тва́рью *здесь*: над всем живущим, существующим.

Мураве́йник *здесь*: образ человеческого общежития.

Поме́шанный — сумасшедший.

Ма́чеха — неродная мать.

Па́дчерица — неродная дочь для одного из супругов, но родная для другого.

Бо́жий про́мысел *религ.* — божье предвидение.

Ка́торга — тюрьма.

Содержа́ть себя́ в университе́те — платить за обучение.

Жа́лованье — регулярная выплата денег за работу.

Пла́тье *здесь*: одежда.

Ули́ка — предмет или обстоятельство, доказывающее чью-то виновность.

Донести́ на себя́ — сообщить в полицию о своём преступлении.

Револьве́р дал осе́чку — не выстрелил.

Петрогра́дская сторона́ — район в Петербурге.

Остро́г *устар.* — тюрьма.

Ми́лостиво, ми́лостивый *устар.* — человек, проявляющий доброе, душевное отношение к кому-нибудь.

Задания

- **Проверьте, как вы поняли текст.**

1

1. Почему Раскольников шёл по улице, не замечая окружающих?

2. Как вы понимаете слова: он «шёл делать пробу своему предприятию»?

3. Почему Раскольниковым овладело чувство отвращения?

2

1. Как вы думаете, почему Мармеладов заговорил с Раскольниковым?

2. Как вы понимаете слова Мармеладова: « бедность не порок, но нищета — порок?»

3. Как вы понимаете слова Мармеладова: «Ведь надо, чтобы человеку хоть куда-нибудь можно было пойти»?

4. На чьи деньги живёт семья Мармеладовых?

5. Как вы понимаете слова Раскольникова: «Ко всему подлец-человек привыкает»?

3

1. Почему Раскольников с ненавистью посмотрел на свою комнату?

2. Почему после прочтения письма «лицо Раскольникова было мокрым от слёз, злая улыбка змеилась по его губам»?

4

1. Почему Дунечка решает выйти замуж за Лужина?
2. Почему Раскольников против брака сестры с Лужиным?
3. Какие вопросы давно мучили Раскольникова?

5

1. Почему после своего страшного сна Раскольников почувствовал свободу «от чар, от колдовства»?

2. Почему после случайной встречи на площади Раскольников понял, что у него нет выбора и всё решено за него?

6

1. Как объясняет студент свои слова: «Я бы эту старуху убил и ограбил без всякого сожаления»?

2. Как повлияла на Раскольникова эта встреча?

7

1. Почему, когда Раскольников открывал комод, ему вдруг захотелось всё бросить и уйти?

8

1. Почему Раскольников решил, войдя в полицейский участок, встать на колени и всё рассказать?

2. Как вы думаете, почему Раскольников упал в обморок?

9

1. Почему Раскольников решил бросить украденные вещи в воду?

2. Почему Раскольников «как будто ножницами хотел отрезать себя от всех»?

10

1. Что в современных теориях Лужину нравится больше всего?

2. Почему Раскольников считает, что теория Лужина разрешает преступления?

11

1. С чем хочет кончить Раскольников?

2. Почему Раскольникову захотелось увидеть квартиру, где жила старуха?

3. Как вы думаете, что испытывал Раскольников в этой квартире?

12

1. Почему Раскольников после встречи с Мармеладовыми почувствовал, что не умерла ещё его жизнь вместе со старухой?

2. Почему Раскольников при встрече с матерью и сестрой «стоял как мёртвый и его руки не могли подняться, чтобы обнять родных»?

13

1. Почему встреча с родными не приносит Раскольникову радости?

2. Почему Раскольников не верит Дуне?

3. Как вы понимаете Раскольникова, когда он думает: «О, как я ненавижу их всех»?

4. Почему Лужин хочет поссорить Раскольникова с родными?

14

1. Почему Соня чувствует себя счастливой после встречи с Раскольниковым?

15

1. Какую мысль Раскольников высказал в своей статье?

2. Вы согласны с делением людей на обыкновенных и необыкновенных? Почему?

16

1. Что вы думаете о причинах преступления, которое совершил Раскольников?

2. Что он чувствовал, убив Алёну Ивановну и её сестру?

17

1. Как вы думаете, виноват ли Свидригайлов в смерти своей жены?

2. Как вы думаете, почему Раскольникову было неприятно разговаривать со Свидригайловым?

18

1. Почему Дуня выгнала Лужина?

2. Почему Лужин хотел жениться на Дуне?

19

1. Зачем Раскольников пошёл к Соне? Почему он выбрал её?

2. О чём мечтала Соня, когда читала Раскольникову Евангелие?

20

1. Как вы думаете, почему Раскольников хотел, чтобы его допросили?

2. Как вы думаете, правильно ли понимает Порфирий Петрович поведение Раскольникова?

21

1. Зачем Лужин тайно положил в карман Сони сто рублей?

2. Можно ли считать Лужина необыкновенной личностью, которая имеет право переступить через любые препятствия ради достижения своей цели?

22

1. Что нового вы узнали о причинах преступления?

2. Как вы понимаете слова Раскольникова: «Разве я старушонку убил? Я себя убил!»

3. Как Соня отнеслась к признанию Раскольникова и к его теории?

23

1. Как вы думаете, почему Порфирий Петрович пришёл к Раскольникову?

2. Почему следователь был уверен, что Раскольников придёт в полицию и признается, что убил старуху и её сестру?

24

1. Как вы думаете, действительно ли Свидригайлов любит Дуню?

2. Что вы знаете о Свидригайлове? Можно ли однозначно назвать его подлецом?

25

1. Как вы думаете, почему Свидригайлов позаботился о детях умершей Катерины Ивановны?

2. Почему он покончил жизнь самоубийством?

26

1. Почему Дуня и Соня хотели, чтобы Раскольников пошёл в полицию и всё рассказал?

2. Почему Раскольников согласился это сделать?

27

1. Почему Раскольников ничего не сказал и вышел?

2. Почему он вернулся в полицейский участок?

Эпилог

1. Как вы думаете, каторга для Раскольникова была наказанием или возрождением к новой жизни?

2. Как вы понимаете название романа Достоевского «Преступление и наказание»?

- **Расшифруйте инициалы и запишите полностью имена, отчества и фамилии:**

  Р.Р. Раскольников, А.Р. Раскольникова, П.А. Раскольникова, С. Мармеладов, С.С. Мармеладова, К.И. Мармеладова.

- **Устно опишите внешность одного из мужских и одного из женских персонажей романа.**

- **Вспомните, с какими предметами сравнивает Достоевский комнату Раскольникова? Зачеркните те из прилагательных, которые не подходят для её описания.**

  Светлая, мрачная, просторная, узкая, тесная, ужасная, большая, бедная, меблированная, тёмная, маленькая, дурная, низкая, крошечная, душная, чистая, тусклая, пыльная, грязная, нищенская, уютная, небольшая.

- **Почему о потенциальном браке своей сестры Дуни с Лужиным Раскольников говорит так: «Этот брак — подлость.»? Разделяете ли вы эту точку зрения Раскольникова?**

- **Слова** *старуха, старушка, старушонка, старушенция* **представ-
  ляют собой слова, близкие по значению.**

  Достоевский, характеризуя ростовщицу Алёну Ивановну,
  использует только некоторые из них. Какие слова использует автор? Как вы думаете, почему он использует именно их?

- **Замените ряд слов, близких по значению, одним из пред-
  ложенных:**

  *чистосердечно, страдание, непринуждённый, клевета,
  сумасшедший, властелин, порок, надменны.*

  Мучение, мука, терзание — . . .
  Искренне, откровенно — . . .
  Повелитель, властитель, господин, владыка — . . .
  Высокомерный, заносчивый — . . .
  Ложь, инсинуация, неправда — . . .
  Непосредственный, естественный — . . .
  Недостаток, изъян — . . .
  Безумный, ненормальный — . . .

- *Неродная мать – мачеха.* **Выясните, как называют** *неродного
  отца.*

- **Замените устойчивые выражения другими словами.**

  перевести дыхание — . . .
  время терпит — . . .
  (по)ставить на одну доску — . . .
  нести крест — . . .
  дрожать как (осиновый) лист — . . .
  на край света — . . .

- **Образуйте женский род от данных существительных муж-
  ского рода.**

  Студент — . . .; злодей — . . .; дворянин — . . . .
  Преступник — . . .; свидетель — . . .; грешник — . . .;
  чиновник — . . . .
  Вор — . . .; старик — . . .; слуга — . . .; господин — . . .;
  нищий — . . . .

Контрольный лист

I. О ком идёт речь?

Вставьте вместо точек в предложения б–з имена тех персонажей романа, о которых идёт речь в предложениях 2–8.

Образец: 1–а.

1. Раскольников был студентом юридического факультета, но сейчас не учился, потому что ему нечем было платить за учёбу в университете.

а). . . . учился на юрфаке, но в данный момент не посещал занятия по причине отсутствия денег для оплаты обучения.

Раскольников учился на юрфаке, но в данный момент не посещал занятия по причине отсутствия денег для оплаты обучения. (1+а).

2. Порфирий Петрович был человек лет тридцати пяти, росту ниже среднего, полный, хорошо выбритый, с насмешливым выражением лица.

3. Мармеладов потерял место на службе и тогда прикоснулся к бутылке.

4. Лужин уже давно мечтал жениться на хорошенькой образованной девушке из благородной, но очень бедной семьи, испытавшей много несчастий.

5. Разумихин был высокий, худой, черноволосый, всегда плохо выбритый, но казался необыкновенно весёлым и общительным парнем, добрым до простоты.

6. Катерина Ивановна сказала Соне, что та живёт у них и ест, и пьёт за их счёт.

7. Соня была лет восемнадцати, маленького роста, худенькая, но довольно симпатичная блондинка с голубыми глазами.

8. В прошлом году Дунечка поступила работать гувернанткой в дом помещика Свидригайлова и попросила дать ей вперёд сто рублей, которые она должна отработать.

б). . . . укоряла её в том, что она сидит у них на шее.

в). . . . много времени думал о том, чтобы взять в жёны симпатичную культурную барышню из порядочной, но обнищавшей семьи, пережившей много невзгод.

г).... отличался высоким ростом и худобой, он был брюнетом, лицо постоянно покрыто щетиной, казался простодушным и разговорчивым весельчаком.

д).... год назад устроилась прислугой в дворянскую семью и обратилась с просьбой заплатить ей авансом.

е).... был уволен с работы и начал пить.

ж).... был мужчиной средних лет, низкорослым, упитанным, с гладкими щеками, ироническим выражением физиономии.

з).... достигла возраста совершеннолетия, она была миниатюрной, щупленькой, привлекательной белокурой девушкой с небесными глазами.

II. Отметьте предложения, где написана правда → $\boxed{П}$, а где написана неправда → $\boxed{Н}$.

1. ☐ Соня была родной дочерью Катерины Ивановны.

2. ☐ Дуня согласилась выйти замуж за Свидригайлова.

3. ☐ Раскольников учился на философском факультете в московском университете.

4. ☐ Катерина Ивановна была женщиной благородного происхождения.

5. ☐ Лужин предложил Дуне выйти за него замуж.

6. ☐ Раскольников убил старуху-процентщицу, потому что хотел проверить свою теорию.

7. ☐ Фраза «Тварь ли я дрожащая, или право имею» принадлежит Мармеладову.

8. ☐ Разумихин был университетским товарищем Раскольникова.

9. ☐ Раскольников чистосердечно признался в совершённом преступлении, и поэтому был осуждён на каторжные работы всего на восемь лет.

10. ☐ Мармеладов покончил жизнь самоубийством.

11. ☐ Раскольников убил сестру ростовщицы Алёны Ивановны.

12. ☐ Соня последовала за Раскольниковым в Сибирь.

13. ☐ Разумихин был племянником Порфирия Петровича.

III. Согласны или нет?

Запишите, кому принадлежат эти высказывания.

1. В бедности вы ещё сохраняете своё благородство, в нищете же никогда.

(. . . . .)

2. Их воскресила любовь.

(. . . . .)

3. Сонечкин жребий ничем не хуже жребия Дунечки с господином Лужиным.

(. . . . .)

4. Страдание принять и всё искупить, вот что надо.

(. . . . .)

5. Одно маленькое преступление и тысячи добрых дел!

(. . . . .)

6. Ведь надо, чтобы человеку хоть куда-нибудь можно было пойти!

(. . . . .)

7. Власть даётся только тому, кто посмеет её взять.

(. . . . .)

8. Да я ведь Божьего промысла знать не могу.

(. . . . .)

9. Отдайтесь жизни. Она вас на берег вынесет и на ноги поставит.

(. . . . .)

10. Ко всему подлец-человек привыкает!

(. . . . .)

11. Экономическая идея ещё не приглашение к убийству.

(. . . . .)

12. Преступление — это просто протест против ненормального социального устройства.

(. . . . .)

13. Все великие люди, сказавшие новое слово в истории, по своей природе были преступниками.

(. . . . .)

Ключи

I. 2 + ж; 3 + е; 4 + в; 5 + г; 6 + б; 7 + з; 8 + д.

II. 1 – Н; 2 – Н; 3 – Н; 4 – П; 5 – П; 6 – П; 7 – Н; 8 – П; 9 – П; 10 – Н; 11 – П; 12 – П; 13 – П.

III. 1. Мармеладов. 2. Достоевский. 3. Раскольников. 4. Соня. 5. студент. 6. Мармеладов. 7. Раскольников. 8. Соня. 9. Порфирий Петрович. 10. Мармеладов. 11. Лужин. 12. Разумихин. 13. Раскольников.

Учебное издание

Достоевский Фёдор Михайлович

ПРЕСТУПЛЕНИЕ
И НАКАЗАНИЕ

Книга для чтения с заданиями
для изучающих русский язык как иностранный

Редактор: *Н.А. Еремина*
Корректор: *И.Н. Цвийович*
Вёрстка: *Е.П. Бреславская*

Подписано в печать XX.XX.2014. Формат 60×90/16
Объем 5,5 п.л. Тираж 1000 экз. Зак.

Издательство ЗАО «Русский язык». Курсы
125047, Москва, 1-я Тверская-Ямская ул., д. 18
Тел./факс: +7(499) 251-08-45, тел.: +7(499) 250-48-68
e-mail: russky_yazyk@mail.ru; rkursy@gmail.com;
ruskursy@gmail.com; ruskursy@mail.ru
www.rus-lang.ru

Отпечатано с готового оригинал-макета издательства в ООО «Мастер Студия»
432071, г. Ульяновск, ул. Марата, д. 8
Тел.: 8(8422) 44-56-08